全員参画経営

TOTAL FORMATION DESIGN

スコラ・コンサルト
プロセスデザイナー
簑原麻穂
Asaho Minohara

エッセンシャル出版社

はじめに

「全員参画経営～トータル・フォーメーションデザイン・マネジメント～」の時代

私たちが今生きている世の中では、突然、世界の動きが変わってしまうようなウイルスの感染拡大や、目の前にあったものが一瞬でなくなってしまう自然災害など、自分たちではコントロールできない出来事や変化が起こります。

混乱している時こそ、起こっている事実情報を多面的につかみ、自己責任で選択し、行動することが求められます。しかし、人間は、不安や恐怖の感情があふれると、今まで当たり前のように見えていたものが見えなくなり、冷静に判断し、行動することが難しくなります。

予期せぬ出来事が起こってから、慌てて準備をしても間に合わないのです。それは、企業の中においても同様で、企業が存続する歴史の中には、必ず、経営困難に向き合う場面が起こります。しかし、与えられた仕事を、決まった枠の中で決められたやり方でこなし続けているだけでは、こういった危機には対応しきれません。平常時から、自分達や事業の存在価値や目的、めざす姿を明確にし、そこに近づくための判断軸や、大切にする価値観を仲間と共有し、目的をベースにつながりを創ることが大切です。

経営の危機が起こった時に、判断軸や価値観でつながった仲間や組織は、たとえ経営者が厳しい意思決定をしても、既存の枠を超え、ひとり一人が核となり、自ら判断し、血の通った生命体のようにフォーメーションを変えながら、危機を乗り越えていく行動を起こすことができます。

こんな時代だからこそ、一度立ち止まり、人や組織のあり方を根本的に見直し、めざす方向に束なる組織フォーメーションを創っていきましょう。

そのフォーメーションは、ひとり一人が変化に対応できる考え方や行動ができないと機能しません。特に、経営者やリーダーの考え方や行動は全体組織に影響を及ぼしますので、まずは、経営者やリーダーが自分の思考行動パターンを自覚し、思考の歪みや制約を整えながら、自己変容を受け入れる準備が求められます。

これからの経営者やリーダーには、事実をそのまま受け入れられる基盤と、未来を開拓する基盤を創ることが必要になってきます。基盤とは、変化を受け入れる安定した土壌と、安心できる環境をつくりながら能力開発を促す母親的な機能であり、また、未来を創造するために、自分で考え決断し、挑戦や開拓ができるように自立の後押しをしていく父親的な機能です。

私は、基盤の持つ父親的機能を「父性性」、母親的機能を「母性性」と呼んでいますが、経営者本人がもともと持っている「父性性・母性性」の機能バランスは人それぞれで、その人の経営マネジメントに特性として現れますし、組織マネジメントや、仕事のしかたにも特性として現れてきます。

経営者やリーダーの基盤が整うことで、人やモノの見方がフラットになり、人の強みや能力の見立てが磨かれ、効果的な人の再配置をすることで、さらに社員の能力が発揮されていきます。


本書でご紹介する「全員参画経営〜トータル・フォーメーションデザイン・マネジメント〜」とは、経営者やリーダーと社員がお互いの強みや能力を認め合い、高め合い、意思をもってつながり、目的をもって動けるチームフォーメーションを育む経営マネジメントです。

「全員参画経営」には2つのステージがあります。

まず、経営者が自分の強みをいかした経営マネジメントを実践する際に、自分の中にある父性性と母性性の機能バランスを把握する。そして、これから経営マネジメントに必要となるバランスや要素を自覚し、認知のゆがみや可能性を制限している思考行動パターンを変容させながら、自己基盤を整えていく「マザーシップデザイン」ステージ。

次に、ありたい姿に近づくために、社員の中にある能力や可能性の発掘と、まだ使われていない能力の開発を行いながら、業務プロセスやワークフロー、マネジメントのやり方などを見直し、再配置していく「フォーメーションデザイン」ステージ。

この2つのステージを通して、全員が参画し、目的やありたい姿に向かって、縦の組織を超え、縦・横・斜めと主体的に適材適所に動き、フォーメーションを変えながら、価値を高め合うつながりを作り出していく動きが、日々行われている状態をめざします。


私は、長年、プロセスデザイナーとして、さまざまな業界の事業と人・組織の改革プロセス支援を行ってきました。歴史の長い企業や、M&A、統廃合、赤字事業、事業再生など、事業の成長サイクルとしては成熟期や衰退期に差し掛かっていた時期での支援が多く、事業や人の存在価値を根本から問われる厳しい現実と向き合う経営者やリーダーの方々と同じ目的を持ち、めざすものを共有し、一緒に悩み苦しみ喜びながら乗り越えていくという経験をさせていただいてきました。

〔全員参画経営 ～トータル・フォーメーションデザイン・マネジメント～〕

無階層経営

【概要】
階層が存在せず、個人の自由と責任において運営される組織（ティール組織、等）

【特徴】
・多様性のるつぼ。カオス
・階層や指示命令系統は存在しない
・きわめて流動的で柔軟な役割分担
・自立した個人が主、組織は従

理想論としては語られるが、現実には、ほぼ存在しない組織モデル

全員参画経営

【概要】
階層を活かしながら、メンバーが自発的にチームを組み、柔軟に運営される組織

【特徴】
・個性や持ち味（強み・弱み）が尊重され、強みが活用され、弱みは補い合う
・階層は存在するが、メンバーは柔軟に、自発的に動き、経営に参画する
・リーダーシップは分散され、その時々に相応しい人がリードする（主役の交代）
・組織と個人が対等でフラットな関係

トップダウン経営

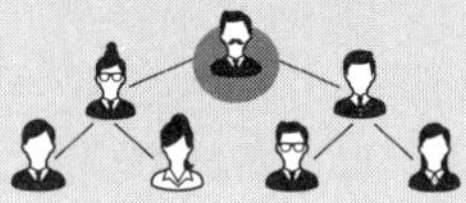

【概要】
厳格な階層のもと、指示命令にもとづいて、機械的に運営される組織

【特徴】
・画一的な人材像・スキルが求められる
・厳格な分業にもとづいた指示命令系統
・階層や役割は固定的
・組織が主、個人は従（組織に従属）

私の前職は航空会社です。航空会社の仕事は、〝定刻に安全に快適で最高のサービスでお客様を目的地に送り届ける〟ことがミッションです。提供サービスが、部門横軸で一気通貫していましたので、全員が目的に向かって束なりやすい仕事でした。トラブルやイレギュラーは日常的に起こるため、全体を見ながら、オペレーションがシームレスに行われているかを見る力が養われます。さらに、スピーディな意思決定をする訓練もできました。仲間と一緒に喜びや悔しさを味わい、共に乗り越えた時の喜びという経験は、仕事に対する誇りを持つことにつながり今の仕事にも大きく活かされています。

その中で、私の人生観を大きく変えた出来事は企業統合でした。企業統合は、異なる文化や歴史を背負った新しい仲間を受け入れながらも、統合をどのように成功させるかが優先されます。思い通りにならないジレンマや、異なる価値観の中で部門が敵対し衝突を起こすこともあり、「同じ会社なのになぜこんなに対立をしてしまうのか」と、当時は悲しくなったものです。しかし皆、頭ではおかしいと思っていても、期限やタスクに追われ、やりきれない思いを持ちながら仕事を進めていたのだと思います。統合プロセスは長く、徐々に疲れが出てきた時に、自分は、何のためにこの会社にいるのだろうかと考え始めました。「この会社にいる意味は何だろう」、「私は仕事で何の価値を出しているのだろう」と、日々考えていたことをよく覚えています。信頼できる職場の仲間と共に励まし合い、存在意義を見いだしながら、今やるべきことは何かと考え、現場がスムーズに動ける制度の改定やシステムの導入、企画の実現を行うことができました。不思議なことに、もっと良くしたいという想いを丁寧に関係部門の仲間に伝えると、気持ちよく動いてくれる仲間が出てきたのです。自分だけではどうにもならないことも、想いに共感した仲間が協力して動いてくれました。異なる文化を持っている社員同士が統合していくには、どちらかに我慢して合わせるのではなく、新しい価値を作るためにお互いの強みを使って創り上げていくことが大切だったのです。そのことを教えてくれた貴重な経験でした。サービスや制度が導入されたとき、私には、こんなに信頼できる仲間がいると改めて感謝したことを覚えています。今でもその仲間たちとはつながっていますが、統合経験は私の新たな可能性を引き出し、成長を促進してくれた、とても貴重な経験でした。

本書は架空の企業や登場人物で構成されていますが、支援企業で改革の起点となった重要なポイントなどは、ほぼ事実ベースで書いています。また、登場人物も、実際に一緒に改革を起こした人物のキャラクター要素が色濃く入っています。この仕事は私の人生を豊かにしてくれました。仕事を通じて出会えた素敵な仲間たちが、もがき苦しみながらも、自分たちの能力を開花させ、人生を切り拓いていく、２つの物語を通じて、皆様方の会社に役立つヒントが何か見つけられると嬉しいです。

これからの時代は、人が充足感のエンジンで世の中を回す「豊かさ」がカギになります。先が見えない時代だからこそ、豊かな社会を実現する経営をめざしていく。「全員参画経営」とは、事業や人や組織が心身ともに人間らしく、自分らしく豊かに成長する、つまり、「豊かな経営」を実現するための手法です。経営者やリーダーが自分の強みも弱みも受け入れ、組織の中にあるものを受け入れる。その基盤の上で、事業や組織に関わる人たち同士が認め合い、命あるネットワークを築き、人や社会がさらに豊かになっていく。そんな循環が生まれる世の中になってほしい、それが本書に込めた願いです。

プロセスデザイナー篠田亜子

本書は、プロセスデザイナーである篠田亜子という架空の女性が登場する物語と解説という形式で構成されています。それぞれの物語の中で、篠田亜子は、主人公である、改革が必要な企業の経営者や現場のトップとタッグを組んで、組織の中に入りこみ、社員の能力や強みを開発しながら、仕事の仕方やマネジメントを改革していきます。彼女は、状況

［父性性と母性性機能 主な5つの要素］

＊定義：男性性がよりよく発揮されたものが父性性
　　　　女性性がよりよく発揮されたものが母性性

父性性（外側）未来開拓	母性性（内側）安心・安全
論理性（思考）	感覚（感情）
牽引力	支持力
突破力	包容力
完遂力	柔軟力
主張力	共感力

［マザーシップデザイン 父性性・母性性機能のバランスを見る］

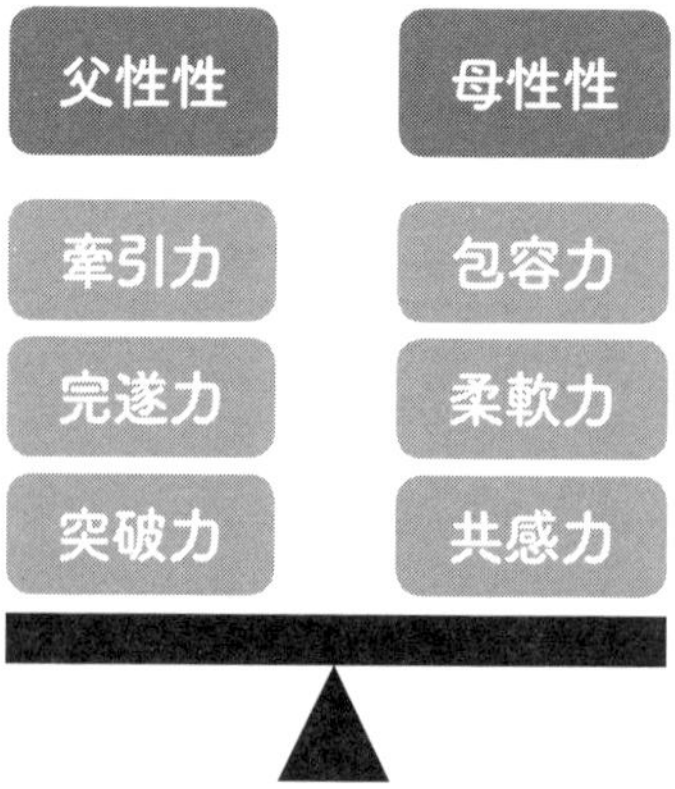

の変化に沿って、事業再生や業績向上に必要な要素を取り入れながら、「全員参画経営〜トータル・フォーメーションデザイン・マネジメント〜」に基づいた、さまざまな支援を行っていきます。

篠田亜子は、大手物流会社での勤務を経て、「TFM」という組織開発の会社に入社して10年が経っています。「神の人材配置」という異名を持つプロセスデザイナー※として、これまで、アパレル・建設・工場・メーカー等、多くの業種を支援してきました。前職の強みも生かされ、モノの流れを整えることや、オペレーションマネジメントが得意です。彼女は、小さい頃から祖母のそばにいたことで、年上やシニア層の気持ちがよくわかる、いわゆる「おばあちゃん子」の特性を持っています。また、幼い頃から、母親が亜子の能力開発や強みを引き出すことに長けていたこともあり、今では、その能力が、彼女の得意技として伝承されています。

一方、亜子の父親は、叔父の会社が倒産した際に、経営を引き継ぎ再生させたという過去があり、経営の厳しさや経営者とはこうあるべきなど経営学や仕事の喜びを聞かされながら育ってきました。父親から、女性であってもちゃんと手に職を持ち、経済力を持てと言われて育ったこともあり、子どもの頃から、責任感や自立心が強く、父性性が強いタイプでした。彼女が35歳の時、母親が大病になり介護をする経験を通して、母性性が開発され、プロセスデザイナーとして人間力の幅と厚みが加わるようになりました。

篠田亜子が用いる「全員参画経営～トータル・フォーメーションデザイン・マネジメント～」という手法は、相手の想いを引き出し、主体的な行動につながるプロセスの支援がベースにあるので、彼女は、スポットライトを自分に当てるのではなく、常に相手にフォーカスし、黒子のような存在として動きます。経営者やリーダーにとっては、安心できる存在であり、共にありたい姿に向かうパートナー的な存在とも言えます。

つまり、事業や組織課題を指摘して、一方的に課題や答えを与え、相手に実践させるという指導型支援ではなく、トップや社員と一緒に現状の認識を多面的に合わせながら、ありたい姿や事業や人・組織の課題を相手の中から導き出すというプロセス型支援が特徴です。社内の目ではなかなか見えない人財配置や環境設定、しくみを提案し、ありたい姿に近づくプロセスを支援しているのです。

それでは、篠田亜子が2つのクライアント企業のトップや仲間と共に、悩み苦しみ、そして喜びも味わいながら、全員が参画し、組織が成長し、改革を実現していくプロセスを通じて、「全員参画経営」について、詳しくご紹介していきましょう。

※プロセスデザイナーとは、事業・人・組織の強みと能力の開発を行いながら、より豊かに、成長につながる方向とシナリオをクライアントと共に描いていく仕事です。クライアントの特性やタイミングに合わせながら、ときに水先案内人の様に先を示し、ときに勇気を出して、一歩が踏み出せるための背中を押す支援を行います。

「全員参画経営〜トータル・フォーメーションデザイン・マネジメント〜」6つのステップ

STAGE1

「マザーシップデザイン」ステージ
経営者のマネジメント基盤づくり

経営者が自己基盤を整え、自らがめざす方向性に近づくマネジメントの基礎体力を身につける準備期間。経営に必要なマネジメントの要素となる「父性性」と「母性性」の機能バランスの確認や、自己認識力と自己受容力を高め、思考行動パターンを自ら変えていく基盤を整える。

マザーシップとは、日本語で「母船」のことを意味する。「マザーシップ＝母船」は、常に変化する海の上で、どっしりと構え、戦闘機や船が発進し、戻ってくる基盤として存在している。これを、組織に当てはめると、社員たちは、「マザーシップ＝母船」という揺るぎない基盤があってこそ、戦略を軸に自発的に判断し、強みを活かし、コミュニケーションをとりあいながら連携していくことができる。

組織において、「マザーシップ＝母船」とは、経営者・リーダー自身であるとも言える。経営者・リーダーが精神的にゆとりを持ち、豊かになることで、軸をぶらさない経営が実現していく。

◆ステップ1　自己認識力と自己受容力の向上

経営者がマネジメントを行う上で必要となる自己基盤づくりとして、まずは、自分への理解を深め、自分の強みや能力の再認識を行う。

↓自己認識力を高めることで、多様な価値観や考え方、人の強みや能力、自分自身や他人の中にある「父性性・母性性」の機能バランスを認め、フラットに受け入れられる基盤を作る。

自らの生い立ちから振り返り、大切にしている考え方や価値観を言語化する。なぜ、大

〔STAGE1「マザーシップデザイン」ステージ
経営者のマネジメント基盤づくり 3ステップ～〕

ステップ1
自己認識力と自己受容力の向上

・経営者自身の自己認識・他者認識の自覚と受け入れ
・自分の中にある母性性、父性性の機能バランスの自覚
・強みと能力の言語化

【インタビュー】
①聴く
②質問する
③フィードバックする
④意味づけをする・強みと能力の言語化

ステップ2
思考行動パターンの変容（清流化）

・再現性の認知
思考行動パターンの自覚
・経営者自身の認知のゆがみやとらわれからの開放と意味づけの置き換え

【カウンセリング】
①思考の癖の再現
②反応する言動の自覚
③ゆがみととらわれの顕在化
④意味づけの置き換え

ステップ3
めざす方向性に近づく改革シナリオ創り

・実現したい方向性を描く
・事業・人・組織の課題を設定
・必要な環境としくみの準備
・改革シナリオを描く

【コーチング】
①めざす方向性の明確化
②事業・人・組織の現状とバランス・課題の把握
③改革プロセスのシナリオ創り
④意味づけの置き換え

切にしているのか、その背景や意味について深め、自己認識と他者認識の違いを自覚し、受け入れる。自分が本来持っている強みや能力を可視化する。ありたい姿に近づくマネジメントに必要な要素となる、自分の中にある「父性性・母性性」機能の現在の使い方とバランスについて確認する。

◆ステップ2 思考行動パターンの変容(清流化)

自らの能力や強みを阻害し、無自覚に繰り返している「思考行動パターン」を自覚する。自分の中にあるとらわれや認知のゆがみを自覚し、とらわれとゆがみの背景にある意味づけを置き換えることで変容させていく。自己理解を深め、「思考行動パターン」の歪みを修正していく。

自分が幸せに感じ能力を発揮できていた時、望むものとは異なる結果を生みだしてしまった時の、自分の「思考行動パターン」や環境、周囲にいた仲間の状態などを振り返り、自分の中にあるとらわれや、過去に苦しんできた出来事の背景にある意味づけを置き換える。

［経営者がフラットにモノが観れる状態を作る］

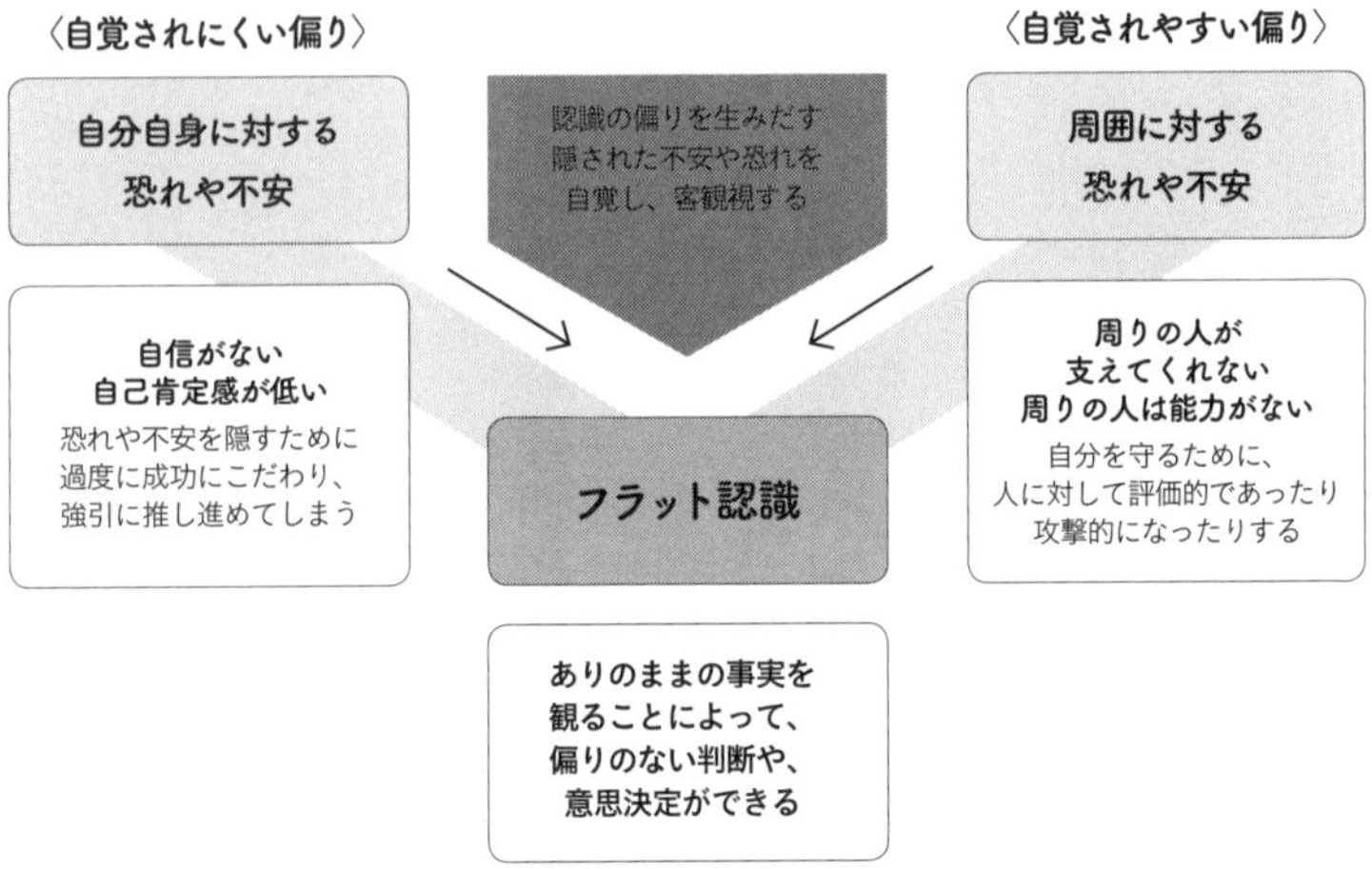
〈自覚されにくい偏り〉
〈自覚されやすい偏り〉
自分自身に対する
恐れや不安
認識の偏りを生みだす
隠された不安や恐れを
自覚し、客観視する
周囲に対する
恐れや不安
自信がない
自己肯定感が低い
恐れや不安を隠すために
過度に成功にこだわり、
強引に推し進めてしまう
フラット認識
周りの人が
支えてくれない
周りの人は能力がない
自分を守るために、
人に対して評価的であったり
攻撃的になったりする
ありのままの事実を
観ることによって、
偏りのない判断や、
意思決定ができる

［企業の氷山モデル］

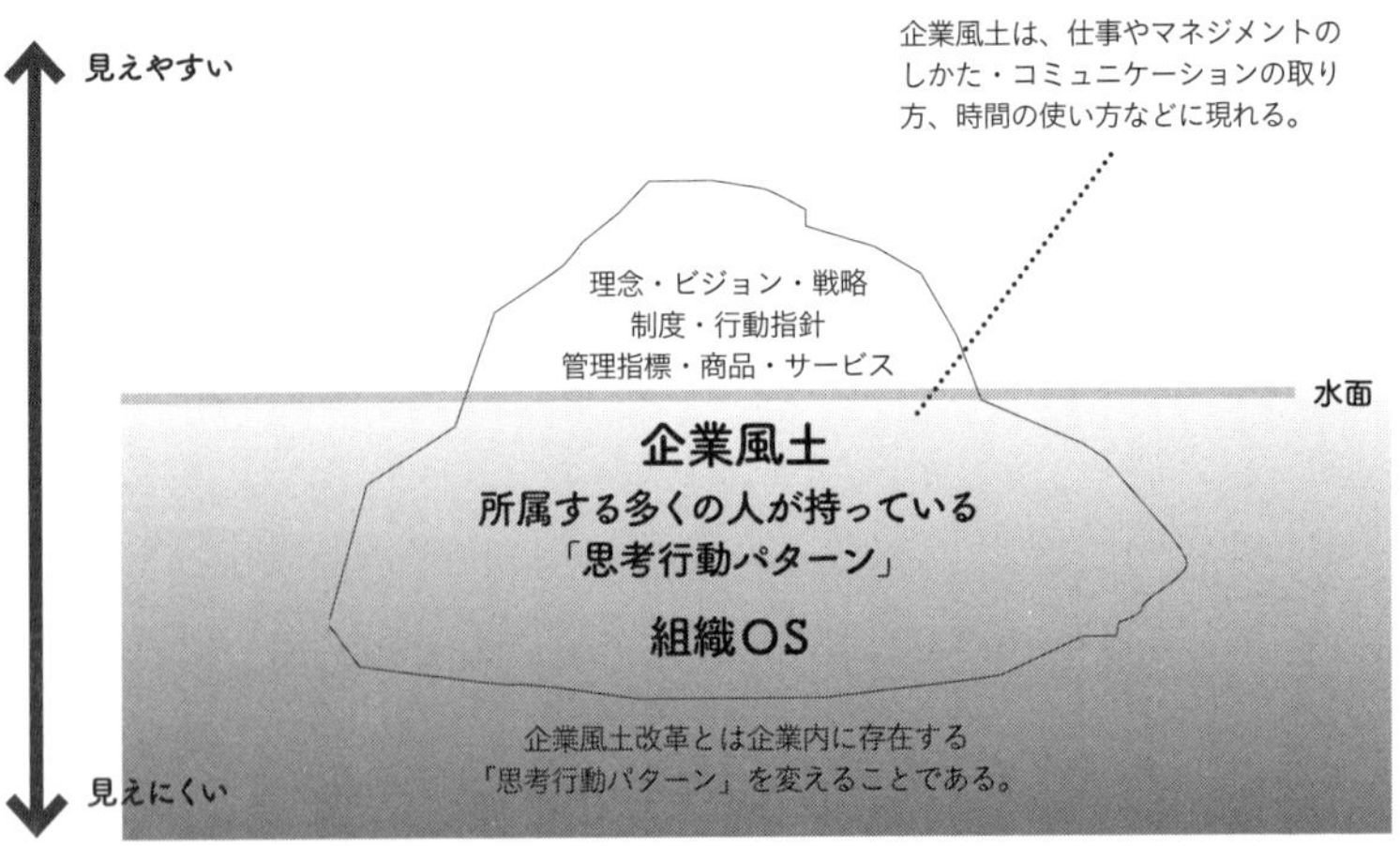
見えやすい
企業風土は、仕事やマネジメントの
しかた・コミュニケーションの取り
方、時間の使い方などに現れる。
理念・ビジョン・戦略
制度・行動指針
管理指標・商品・サービス
水面
企業風土
所属する多くの人が持っている
「思考行動パターン」
組織OS
企業風土改革とは企業内に存在する
「思考行動パターン」を変えることである。
見えにくい

［ライフサイクルの各フェーズにおける父性性・母性性のバランス］

※実際には各企業の事業や風土によって理想的なバランスは多少変化します。

概要	導入期 ビジネスモデルや商品・サービスを生み出すフェーズ		成長期 市場や顧客ニーズに合わせながら積極的に攻めるフェーズ		成熟期 市場の分析を冷静に見ながら次のフェーズへの準備期間		衰退期 規模や投資を縮小し、確実な利益を確保するフェーズ	
事業の成長曲線	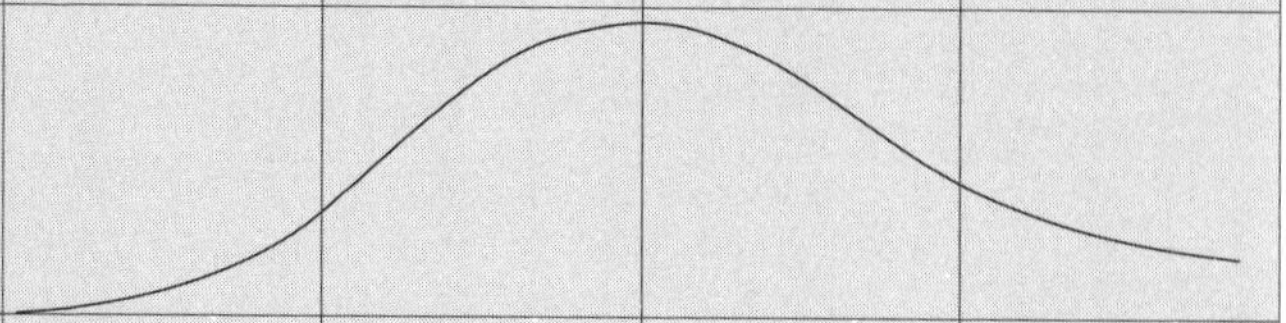							
父性性要素	牽引力 突破力 主張力	7	完遂力 主張力	5	論理性 完遂力	4	論理性	3
母性性要素	感覚	3	柔軟力 共感力	5	支持力 包容力 柔軟力	6	感覚 受容力 柔軟力 共感力	7

［ライフサイクルの各フェーズにおける父性性・母性性のバランス］

※実際には各企業の事業や風土によって理想的なバランスは多少変化します。

【事業と組織の再構築フェーズ】

古いものを手放し、新たなものを手に入れる。既存事業を最適化しながら、新規事業へのリソースシフトを図る。実際には成熟期終盤から取り掛かる必要があり、企業は大きな葛藤を乗り越えなくてはならない。

概要	導入期	成長期	成熟期	衰退期 導入期	成長期
事業の成長曲線	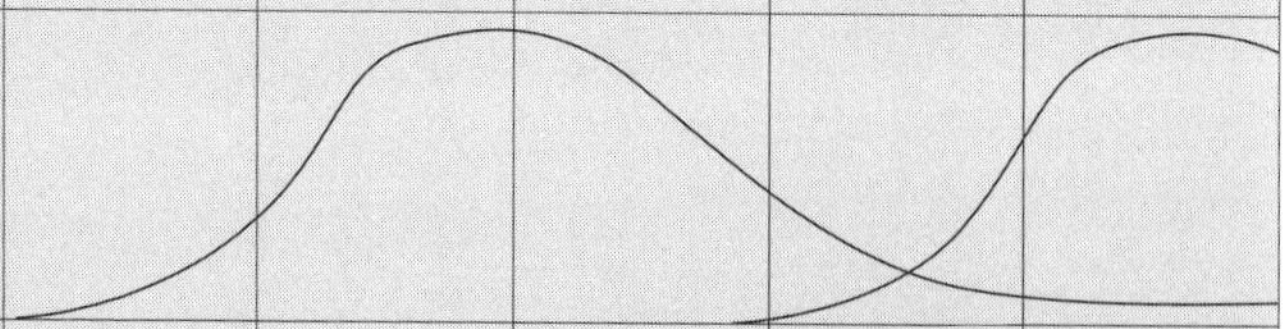				
〈既存事業〉 父性性:母性性	7:3	5:5	4:6	3:7	7:3
			〈新規事業〉 父性性:母性性	7:3	5:5

父性性・母性性のあらゆる力が必要かつ高度なバランスを求められる

◆ステップ3　めざす方向性に近づくための改革シナリオ創り

事業や組織および自分のありたい姿のイメージを合わせ、経営を通じて実現したい方向性に近づくシナリオを描く。

ステップ1、2で安定した基盤づくりを行なった状態から、自分自身が仕事や人生を通じて何を実現したいのか（自分の世界観）や、自分はどうありたいのか（あり方）、自分が自分らしく豊かになるイメージをしながら、事業や組織と自分のありたい姿を明確にし、それに近づくための改革シナリオを描く。

事業を通じて、人や組織がこれからどのようになってほしいのか、自分が実現したい方向性を言語化し、事業のライフサイクルのフェーズや現状の事業や人、組織の実態を把握し、事業、人、組織をバランスよく成長させていく。

STAGE2

「フォーメーションデザイン」ステージ 経営マネジメントの実践

経営者の基盤がある程度整いはじめると、ありたい姿に近づくための、全体プロセスデザインの構築と、それを実践する業務とチームの「フォーメーションデザイン」を行う。

◆ステップ1　ありたい姿と現状の認識合わせ（事業・人・組織）

ありたい姿の共有と、事業・人・組織の過去、現在、未来の認識を合わせる。経営者から見える事実認識⇕社員から見える事実認識⇕社員同士から見える事実認識を重ねながら、視野を広げ、多面的に事実を見ながら認識を合わせていく。

事業の歴史から今に至った背景を振り返り、外部情報と内部情報とを重ねながら理解し、自社の事業・人・組織の現状を把握する。例えば、創業者や歴代の経営層が、何を大切に

〔STAGE2「フォーメーションデザイン」ステージ
経営マネジメントの実践 3ステップ〜〕

ステップ1
ありたい姿と現状の認識合わせ（事業・人・組織）

・事業の方向性の発信
・お互いの想いの共有
・現状や問題の多面的認識合わせ
・ありたい姿に近づく課題設定

【対話の場】
①お互いを知り合う
②相手を理解する
③異なる意見を受け止める
④事実を多面的に見る

ステップ2
フォーメーションづくり（業務・チーム）

・人材発掘⇒能力開発
・組織のマネジメント開発
・仕事の流れの清流化
・適材適所に再配置

【会議・ミーティング】
①キーポジション・
　マネジメントの役割・
　機能の再定義
②強みと能力の発掘・開発
③業務プロセスの見える化と
　ワークフローの見直し
④フォーメーションの配置

ステップ3
実践・振り返りと定着（改善・しくみ）

・目的と目標・課題の設定
・日常の仕事の中にしくみを導入
・情報・問題の見える化
・結果やプロセスの共有

【日常の仕事】
①目的・目標を実務とつなげる
②日常の仕事の中で解決する
③サポート体制をつくる
④結果を仲間と振り返る

し、考え、意思決定してきたのか、本人の意図や、時代背景や、事業や組織の状況などを探りながら知ることで、事業の存在価値や、現在や未来に向けた課題が見えてくる。また、過去から引き継いでいる考え方や価値観、行動パターンなどを共有し、それによって創られてきた組織の枠組みや、仕事の仕方、マネジメントの特徴なども振り返る。そして、必要とされてきた価値や、残すもの、変えないといけないものなどについて、階層を超えて共有し、認識を合わせる。

個別インタビュー（面談）経営者（リーダー）⇕社員の認識合わせ

経営者や部門リーダーが、全員に対して個別インタビューを実施する。本社や社長室に呼び出すのではなく、自ら現場に足を運び、開放感のある部屋でリラックスした状態で行う。なぜ、面談を行っているのか（「この会社や、職場、社員の皆さんが、日々何を考え、仕事に取り組んでいるのか。疑問や不安はないかなど、小さなことでも良いので教えてほしい」など）、まずは面談の目的を明確に伝え、この場の発言内容が評価などには影響しないことも伝えて、心理的安心感をもってもらう。また、相手の顔を見て、うなずきながら、否定せずに丁寧に話を聴く。人は、それぞれの階層や立場、個人の経験などで、出来事やモノの見方が異なる。自分の考えや、判断や評価は横に置き、相手が話している意図や、背景、想いなどを一旦は受け入れ、聴くことができると、多面的にものが見え、歪んだ認識ではない、事実情報を手に入れることができる。

全社員オフサイトミーティング
社員⇕社員の認識合わせ

経営者やリーダーが社員に対して、めざす方向性やありたい姿を発信するオフサイトミーティング。

経営者やリーダーが方向性を発信した後は、社員が、その発信内容や課題について考える場を設定する。小グループに分かれ

〔多面的な事実とは何か?〕

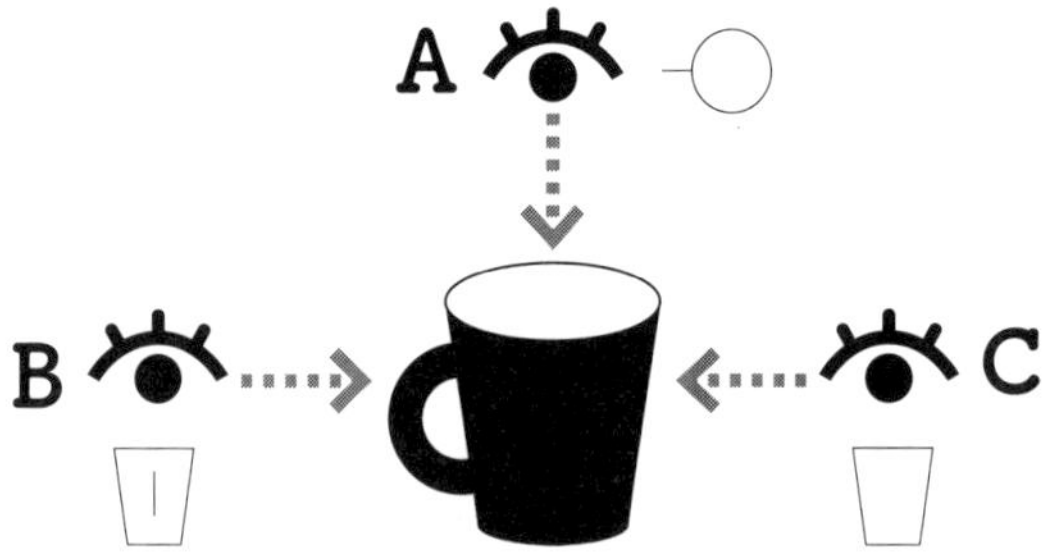

A、B、Cそれぞれから見える景色は違う。それぞれから見える景色を共有することなしに「多面的事実」は見えてこない。

て（各グループ6人〜8人くらいまでの人数で）対話をする。話しやすい場にするために、まず、ジブンガタリ＊を行う。その後、発信についての感想や意見、普段から思っていることなど、事業・人・組織などの現状認識や課題などを共有する。

経営者（リーダー）が、めざす方向性を示した時に、疑問や不安や想いを社員同士で共有し、同じ想いを持っているという共感力が高まると、人のエネルギーは高まっていく。さらに、経営者の想いや、発信の意図や背景などの理解が深まると、ありたい姿に近づくエネルギーに変わり始める。

《ジブンガタリ》

お互いが話しやすい場や関係性を構築するために、それぞれが自分の生い立ちや転機を語り合い、お互いを知り合う。

テーマ例

①生い立ち…小さな時の自分の性格や印象的な出来事について。
②転機…辛かったことなどを乗り越えたときの環境やその出来事で自分が学んだことについて。

〔オフサイトミーティング〕

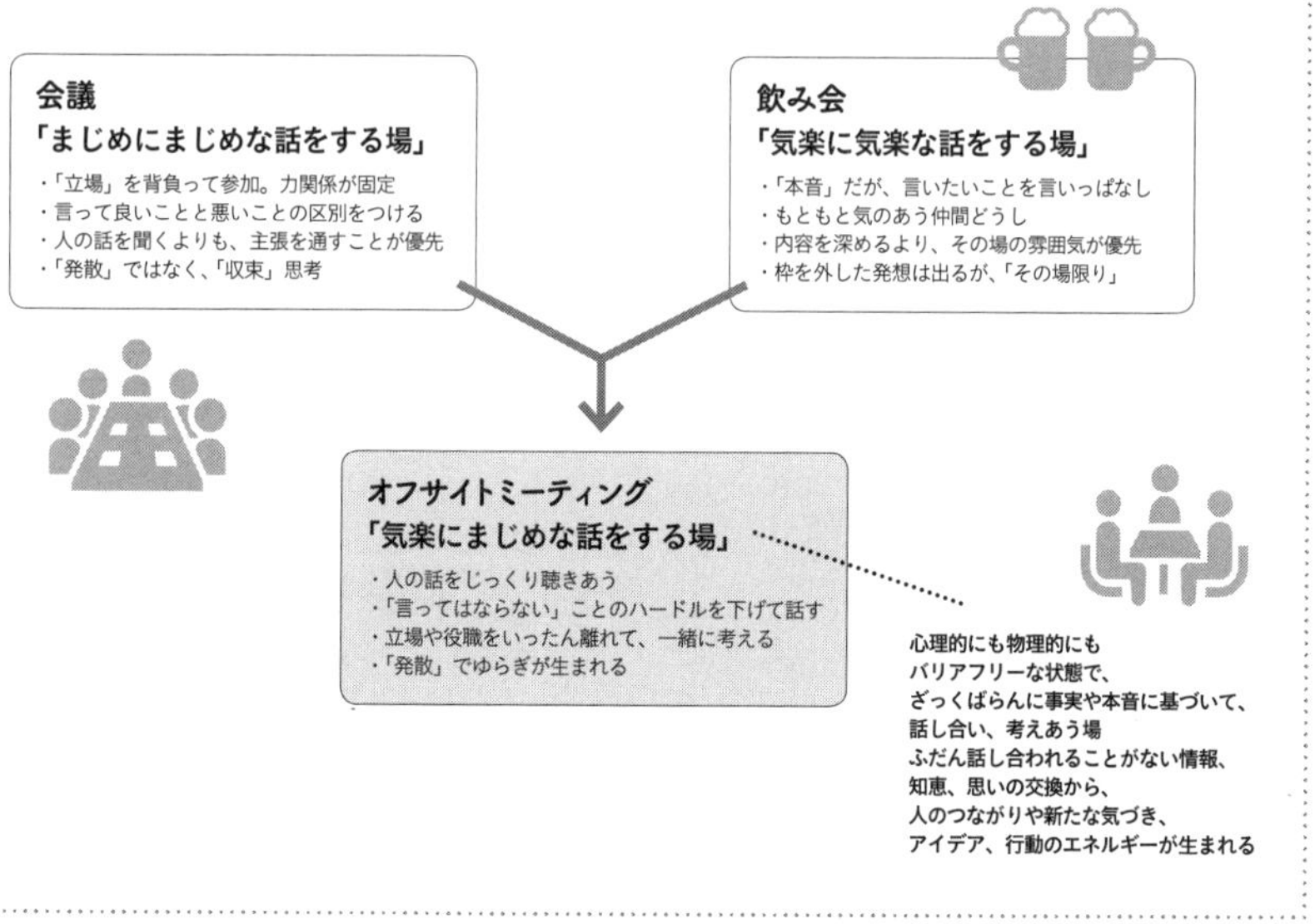
会議
「まじめにまじめな話をする場」
・「立場」を背負って参加。力関係が固定
・言って良いことと悪いことの区別をつける
・人の話を聞くよりも、主張を通すことが優先
・「発散」ではなく、「収束」思考
飲み会
「気楽に気楽な話をする場」
・「本音」だが、言いたいことを言いっぱなし
・もともと気のあう仲間どうし
・内容を深めるより、その場の雰囲気が優先
・枠を外した発想は出るが、「その場限り」
オフサイトミーティング
「気楽にまじめな話をする場」
・人の話をじっくり聴きあう
・「言ってはならない」ことのハードルを下げて話す
・立場や役職をいったん離れて、一緒に考える
・「発散」でゆらぎが生まれる
心理的にも物理的にも
バリアフリーな状態で、
ざっくばらんに事実や本音に基づいて、
話し合い、考えあう場
ふだん話し合われることがない情報、
知恵、思いの交換から、
人のつながりや新たな気づき、
アイデア、行動のエネルギーが生まれる

③影響を受けた人…その人々から学んだことや、今に活かしていることについて。反面教師でも良い。
④自分が大切にしている考え方や価値観…なぜ大切にしているのかについて。

階層別オフサイトミーティング　各階層⇕各階層の認識合わせ

ヒエラルキーが強く、上司に対してものが言いにくいなど、事実や本音が言いにくい組織の場合は、役員・部長・課長・主任・一般など、階層別にオフサイトミーティングを行う。安心して意見が話せる環境をつくるためのベースづくり。また、各階層だからこそ解決できるテーマや課題などについても活用できる。

それぞれ、その立場や役割にならないと見えない事実や想いなどがあり、同じ立場だからこそ、わかり合えるため、認識をあわせやすい。また、縦割り組織の企業の場合、横のつながりが強化されることで、お互いの部門での現状や事実を共有する機会が生まれ、部門を超えた課題解決にもつながる。次世代リーダーを育てる機会となる場合も多い。

◆ステップ2　フォーメーションづくり

人材発掘⇓能力開発⇓組織マネジメント開発⇓業務プロセスの見える化とワークフローの見直し⇓適材適所に再配置

「フォーメーションデザイン」とは、隠れている能力やまだまだ発揮されていない能力をもった人材を発掘し、能力を開発し、事業と人の価値が高まり、成長がより促進される組織体制を創り、人材を再配置することである。それと並行して、価値が高まる業務プロセスやワークフローの見直しを行うことで、シームレスに、必要な時に必要な仲間とつながり、協力、共創しながら、ありたい姿に近づいていくことができる。

①人材発掘

事業のバランスを見たうえで、ありたい姿に近づくための改革に必要な要素やバランスを見極める。個別のインタビューや現場を歩き回り、話しかけながら探索し、見立てていく（推し進めるエネルギーやモノの見方、考え方、得意なことなど）。

例

・「父性性・母性性」のバランス（改革推進能力）

・モノゴトを客観的に見る力（全体シナリオ構築能力）

・仕事の流れを見る力（オペレーション修正、改善能力）

・人の強みや特徴を見る力（人材育成能力）

・人・モノ・コトをつなぐことができる力（コミュニケーションネットワーク能力）

・アイデアを思いつける、発想する力（改革イノベーション能力）など。

②能力開発

社員本人が能力を認識していない場合は、実際やっていることや、実績、生い立ちなどを共に振り返りながら、自覚を促す。自己肯定感が低い場合は、思考行動パターンの修正を行う。経営者自身の基盤づくりを応用する。また、能力が開発される機会や環境を作り、成長支援サポートを行う。

③組織マネジメント開発

ありたい姿に近づくために、必要な組織マネジメントや仕事の流れを見直し、役割定義の再定義や、大切にすること、判断基準などを明確にする。

④業務プロセスの見える化とワークフローの見直し

顧客価値を生み出す業務プロセスの見える化とワークフローを見直し、シームレスで、かつ、品質や安全、価値が高まる仕事の仕方へと変える。

この見直しを上手に活用し、組織の縦・横・斜めのつながりを創り、ありたい姿に近づく業務フォーメーション×チームフォーメーションをつくる。

⑤適材適所に再配置

全体プロセスのシナリオに合わせ、組織マネジメントやワークフローの見直しが終わった後に、

［フォーメーションづくり 〜人材発掘・能力開発・再配置〜］

フラット認識

人材の隠れた強みや持ち味を発見し、フォーメーションに活かす（人やチームの潜在力を120%以上引き出す）

・人が持つ多様な持ち味を発見できる
・人材が輝くための能力開発を行える
・新たに開発された能力を活かした人材の配置（再配置）ができる

偏り認識

自分が相手に貼ったレッテルや評価に基づいてフォーメーションを組む（ロスが多い）

・自分のストライクゾーンの人材しか評価できない
・自分が評価しない人材は成長する機会を与えない
・フォーメーションを支える人材が育たない

再配置を行う。この時、本人の意思と重なると、効果は高くなる。また、上司は配置した目的や意図、期待することをしっかりと伝える。

ビジョンワークショップ／超階層ミーティング

全体のシナリオを全社員で一斉に考えることは難しいため、トップと、主体的に改革を推し進めるコアメンバー、キーとなる管理職などを巻き込みながら構成する。コアメンバーは超階層が望ましい。コアメンバーが集まり、現状からめざす方向性に近づくために、現状から、誰が、何を、どのように変えるのか、全体シナリオとプロセスデザインを一緒に考えることからスタートする。

◆ステップ3　実践と振り返りの定着化

事業・人・組織のめざす方向性と、それに近づくための環境・しくみを考え、日常の業務に取り入れながら、試行錯誤を繰り返していく。

ありたい姿に近づくには、問題解決能力を高める必要がある。特に、現場層・ミドル層に対しては、問題の見える化や改善が進む環境やサポート体制を経営者（リーダー）が作り、現場で解決できるしくみを整えることで定着しやすい。

情報共有

日常の会話の中で情報を共有し、情報を取りにいきやすい整理の仕方、組織の知識や技術の「見える化」がされている状態を作る。特に、横の仲間がどんな仕事をしているのか、何に悩み困っているのかなどを共有する。タイムリーな情報共有が難しい環境の場合は、ＳＮＳなどを使い、困った時に相談できる、必要な情報が必要な人に流れるしくみを作る。仲間とのつながりが実感できたり、困った時には、仲間同士で助け合えたり、声掛けができたりするツールを導入するなど、つながりが強化されるしくみを導入する。

また、仲間の問題意識や現場の小さなインシデントを共有することで、見える問題が解決されやすくなる。

会議やミーティング

既存のミーティングや会議の目的や価値を問い直し、再定義を行う。

業務プロセスやワークフローの見直しと同時に会議やミーティングの意味について、必要性も含めて検討し、問題の見える化や問題解決が促進され、仕事や顧客価値が高まる会議を再設定する。

組織マネジメント

事業・人・組織の3つが成長し続ける組織マネジメントは、ありたい姿に近づくための問題解決や社員が自分の強みを活かして能力を発揮できることに注力し、得意なものや事柄に合わせてリーダーを変えるなど、リーダーが固定化しないしくみを導入する。

クリエイティブ×オペレーションのバランス

創造力や発想力の発揮とシームレスなオペレーションの両方を、業務プロセスやワークフローの中に上手に組み込み、日常の仕事の価値が高まる仕事の仕方を日々実践する。

［フォーメーション力を高める 探索型問題解決］

タイプ	定義	具体例
設定型 **（問題をつくる）**	・今までにない、まったく新しい目標を設定したときの問題 ＝ イノベーション ・主に経営者の役割	・新しい業態へ転換する ・戦略の大きな方向チェンジ ・新しい強みの獲得、など
探索型 **（探す問題）**	・目標を現在よりも高く置くことによって、意識的に現状とのギャップを作り出す問題＝ 改善 ・主にミドルマネジメントの役割	・生産性を２倍にする ・リードタイムを半分にする ・顧客満足度をさらに高める ・従業員満足をさらに高める、など
発生型 **（見える問題）**	・誰にとっても、不具合が起きていることが明らかであるような問題 ・主に現場社員の役割	・事故の発生 ・不良品の発生 ・苦情の発生 ・過剰在庫の発生、など

「問題」と言うと、発生型をイメージしやすいが、発生型の問題解決は、「不具合がない状態」までしか到達しない。設定型の問題解決ができるようになるためには、そのベースとして、探索型の問題解決能力が必要である。　＊佐藤 允一 著 「問題構造学入門」より

CONTENTS

◆序章

企業経営とは、人や社会に何をもたらすものなのだろうか。

高度経済成長時代の日本企業は、仲間を引っ張り、向かう先を示す強いリーダーシップの父性性マネジメント要素が主流で、それは、右肩上がりの事業の成長や、豊富な労働力を持つ組織にマッチし、結果的に、今の日本を世界的な経済大国へと導いた。

成長期の日本企業のオフィスの中では、社員同士がワイワイと話をし、笑い声や怒鳴り声など、雑多な中にも活気があり、仕事に追われながら、あっという間の一日を過ごす。やっと仕事が終わると、帰り際に仲間と酒を飲みかわし、仕事や上司の愚痴を吐き出し、それでも、明日からまた頑張るんだとエネルギーを充電して帰る。

その当時の日本は、どんどん生活が豊かになり、何年か働けば、誰でも給料が上がり、ある程度幸せな人生が普通に送れる、不安より期待や夢が描きやすい世の中だった。

篠田亜子は、改革が必要とされる企業のプロセス支援を行うプロセスデザイナーを仕事にしていて、この仕事を天職だと感じている。

亜子が新卒で入社した時代は、バブルが崩壊し、企業が新卒採用を行わない時期で、組織内には空洞化が起こっていた。成果主義や合理化が進み、職場は正社員から、契約社員やアルバイトなどにシフトし、正社員は子会社に出向するなど、一つの職場に雇用形態が異なる社員が共存する時代に入っていた。

さらに、少子化、高齢化は進み、人口減少によって働く財源である労働力そのものが不足となってしまった今の日本には、事業のライフサイクルが成長期や成熟期を過ぎ、衰退期に差し掛かっている企業が数多く存在している。

この激動の時代の中、これからの日本の企業の経営に必要とされ、求められている経営マネジメントとは、一体何なのだろうか。

亜子が、経営者のマネジメント基盤づくり「マザーシップ・デザインゼミ」を開催した時に、製造メーカーの及川社長が、とても心に残る話をしてくれた。

「5年前、私は買収した会社の社長に就任しました。事業は赤字で経営が傾いていたので、待ったなしの改革が必要でした。社員にも、ある程度危機感はあったと思いますが、私から見るとまだまだ甘かった。そこで私は、かなり強いトップダウンで目標を掲げ、改革を推し進めてきました。当時の私は、会社を守ることこそが社員を守ることだと思っていたからです。社員は何とかついてきてくれて、3年でなんとか黒字になりました。私は、ここで手綱を緩めてはダメだと思い、さあ、これからだと思っていた矢先に、頼りにしていた社員が次々と退職をし始めたんです。もうこれ以上、こんな働き方は続けられないと」

亜子は、もうこれ以上続けられないとはどんな働き方なのかと、及川社長に問いかけた。

「人間は、すぐ怠けるでしょう？だから、無理するくらいの目標があるほうがちょうどいい。そうでないと達成感もないし、成長もしない。そう思って、〝主力商品の売上を3倍にするぞ！〟という、さらに高い目標を掲げたんです。そのとき、彼らから返ってきたのは、〝僕たちは、そんなことは求めていないんです〟という言葉でした。会社の業績が良くなることは、彼らの生活も豊かになるし、幸せになるものだと思っていたのに。彼らは、疲れ切ってしまっていて、辞めたいと言ってくるんです。僕は、帰り際、車の中で叫びましたよ。〝なんでだよ！〟って。〝誰のために、何のためにやってきたと思っているんだ〟って」

亜子には、及川の想いが痛いほど伝わってきた。

「辛かったですよね。社員のためにと思って頑張ってきたのに。でも、なぜ、いきなり3倍の売り上げを目指したんですか？」

当時の話をさらに聴くと、彼は、業績が良くなった時期に設備投資を行い、その勢いにのってさらに事業を成長させたいと考え、工場の拡大に着手した。ところが、工場に投資したとたん、思ったように売り上げが上がらない状態になってしまったとのことだった。

「今思えば、私は、設備投資をした頃から、自分に余裕がなくなってきていたのだと思います。金額的にもかなり大きな投資だったし、自分の責任で事業の借金をしたのは初めてだったこともあり、親会社なんて今まで気にならなかったけど、お金を借りた以上は成果を出さなければまずいと感じ、ひとりで責任を背負ってしまって、思うようにいかないことにイライラしていたんです。やたらピリピリして余裕のない私を見て、〝売り上げ3倍なんて、誰が望んでいるんだ。こんな状態がずっと続くのならもういい〟と社員たちには思われてしまったのかもしれません。当時の私は、相当追い詰められていたんです」

すると、集まりに参加していた他社のグループ会社の社長が相槌を打った。

「わかりますよ、その気持ち。なんかね、勝手に孤独になって、ひとりで背負ってしまうんですよね。〝俺が何とかしないと、でもどうしたらいいんだ、これが本当に正解なのか？〟ってね」

「本当にそうなんです。本来、業績の良い会社の経営者って、なんかちょっと、妙な余裕があるじゃないですか。少しゆるさというか遊びがある。そういう姿を見ていると、トップこそ、そんな遊びが必要なんだろうなって思うのですが、サラリーマン社長って、すぐに余裕がなくなりがちなんですよね」

亜子がそこで、少し補足をした。

「おそらく、その余裕というのは、自分の基盤が安定していて、フラットに物事を見られる状態が保たれているということなんでしょうね」

その話を聴いていた他の経営者たちも、一様に首を縦に振りながら、共感しているようだった。

さらに及川は話を続け、

「そんな時、同じ親会社から来た後輩がこう言ってくれたんです。〝社長は、これだと思ったことをやってください。間違っていないんですから。あとは僕が間をつなぎます。社長が何を考え、なぜそうしたいのか、社員は何が不満で、何に困っているのか。組織がかみ合っていない時こそ、僕の出番です〟って、言ってくれたんです。その言葉は本当に嬉しかった。彼のおかげで、自分の気持ちの中にも少し余裕ができて、社員がなぜそう思うのかという理由や、社員がもっと前向きに動いてくれるための方法について、冷静に考えられるようになっていったんです」

亜子が、さらに補足をしながら、

「その後輩は、母性性機能をとても上手に補完されて、及川さんがフラットな状態になるようにサポートしてくださっていますね」

その後輩は、とても穏やかな性格で、人の話をよく聴き、対話することを大切にしていたという。彼は翻訳担当、つなぎ役など、社長にとっての参謀機能を果たしていたようだった。

「彼の存在は、自分にとって救いでした。なぜか、彼と話すと落ち着くんです。彼も、いろいろと背負っているはずなのに、背負っているようには見せない。私よりも、どーんと構えているような雰囲気がありました。ところが、5か月前に、その後輩が本社に戻ってしまいました。次に親会社から来た社員は、私よりも、父性性のロジカルな要素が強く、強引に進めようとするタイプだったんです。そこで初めて、これでは組織が疲弊してしまうと感じ、私自身が変わらなければいけないと思いました。でも、これまで、超父性性のタイプだった私が、いきなり社員の話を聴き出したり、想いを受けとめたりといった母性性の要素を出し過ぎると、周りは気持ち悪く感じるでしょう。だから、自分の中ではまだ迷いがあって、なかなか上手に行っているとは言えません。ただ、自分の中にも母性性的な要素があることは実感できたんです。これは私にとって大きな発見でした」

亜子は、頷きながら、

「及川さんの場合、後輩と共に経営マネジメントを実践したプロセスの中で、後輩の母性性的な要素を自分自身が受け入れ、自分自身の中にもある母性性が呼び起こされ、開発されたのかもしれませんね。多分もともと持っていらっしゃったんですよ」

及川は、目を見開きながら、

「そうなんですよ。新しい参謀が来たことで、父性性機能がより強化された組織マネジメントになってしまったと感じ、そのバランスを整えるために、自分が自然に母性性のマネジメント要素を実践しようと行動したのだと思います。父性性と母性性の機能は、どっちが正しいとか、どっちが優位とかではないんですね。すぐ、自分はどっちが正しいのかと考えがちですが、両方のバランスを取ることが大切なんだということを学びました」

多様な価値観や考え方を受け入れることが求められる現代には、人間の存在そのものを受け入れる包容力や、異なるものをまずは受け入れる受容力が、経営者本人の中や、組織の土壌の中にも必要になってくる。つまり、母親が子どもの存在をありのままに受け入れ、その子どもの中にある強みや能力、可能性を見いだしていくような母性性のマネジメント要素だ。

母性性や父性性は、性別に関係なく、本来、人間であれば誰の中にも、両方あるものではないかと、私自身は考えている。もちろん、育った環境や、生まれ持った気質によって、人それぞれ、母性性と父性性のバランスは異なる。また、自分次第で、いつからでも、開発していくことができる。

亜子は、及川の話を整理しながら、こう伝えた。

「経営者本人が、母性性と父性性の機能バランスを自覚し、自分は父性性がかなり強いと自覚した場合は、組織の土壌の中に、母性性のマネジメント要素を上手に補完することでバランスはとれます。及川さんのように突き進み、成し遂げる父性性機能が強い場合は、共感し、包み込む母性性機能の要素を組織やマネジメントの中に補完するといいですよね。その機能を後輩がされたんだと思いますよ。また、バランスが取れると、社員が互いに認め合い、各々が多様な能力や強みを発揮し、仕事を通じた貢献を実感できるようになりますし、なにより、認め合える仲間と、仕事への貢献を実感できれば、社員ひとり一人が、心身ともに豊かになることができますものね。一方、母性性要素が強いと自覚する経営者の場合はその逆です。自分のバランスを受け入れ、組織の土壌の中に、父性性のマネジメント要素を補完することで、実現したい社会や組織の方向性に社員が束なり、挑戦をしながら行動する社員が増え、社員ひとり一人が、自分自身の成長を実感しながら、結果を導き出していくことができるようになります。

これからの企業経営や組織マネジメントは、父性性のマネジメント要素×母性性のマネジメント要素のバランスを上手に取っていくことこそが最も肝要だと、私は考えています」

ゼミは無事に終了し、及川は、お風呂上がりのようなすっきりした顔で帰っていった。

亜子は、自分の基盤づくりのベースになる父性性機能と母性性機能について参加者に理解してもらった。それは、どちらに優位性があるかといった視点ではなく、対立するというものでもない。

時代背景や、事業のライフサイクル、現状の組織の実態を把握する中で、現状の事業・人・組織における父性性と母性性の機能バランスや、めざす方向性に向かって成長していくには、どのようなバランスが最適なのかを考え、フラットな状態でめざす方向性を描くことが大切だ。そして、事業の成長曲線と現状の組織の状態を見ながら、両機能のマネジメントのバランスをとり、その機能を活かすことで生まれる豊かなエネルギーの循環は、周りの人や社会をどんどん豊かにしていくはずだと、亜子は信じている。

その背景には、亜子がプロセスデザイナーとして支援してきた多くの現場で、両機能のバランスをとることで、周りを豊かにしてきた事例を数多く見てきたという経験がある。

これまで長く続いてきた、自分たちだけが勝ち取る、勝ち残るといった「対立し、戦う経営」ではなく、経営者も含め、互いに自分らしさを活かしながら、喜びを生みだし、社会全体を豊かにする「自己変容を促す、豊かな経営」へと、時代は間違いなく、変わり始めているのだ。

［豊かな経営とは］

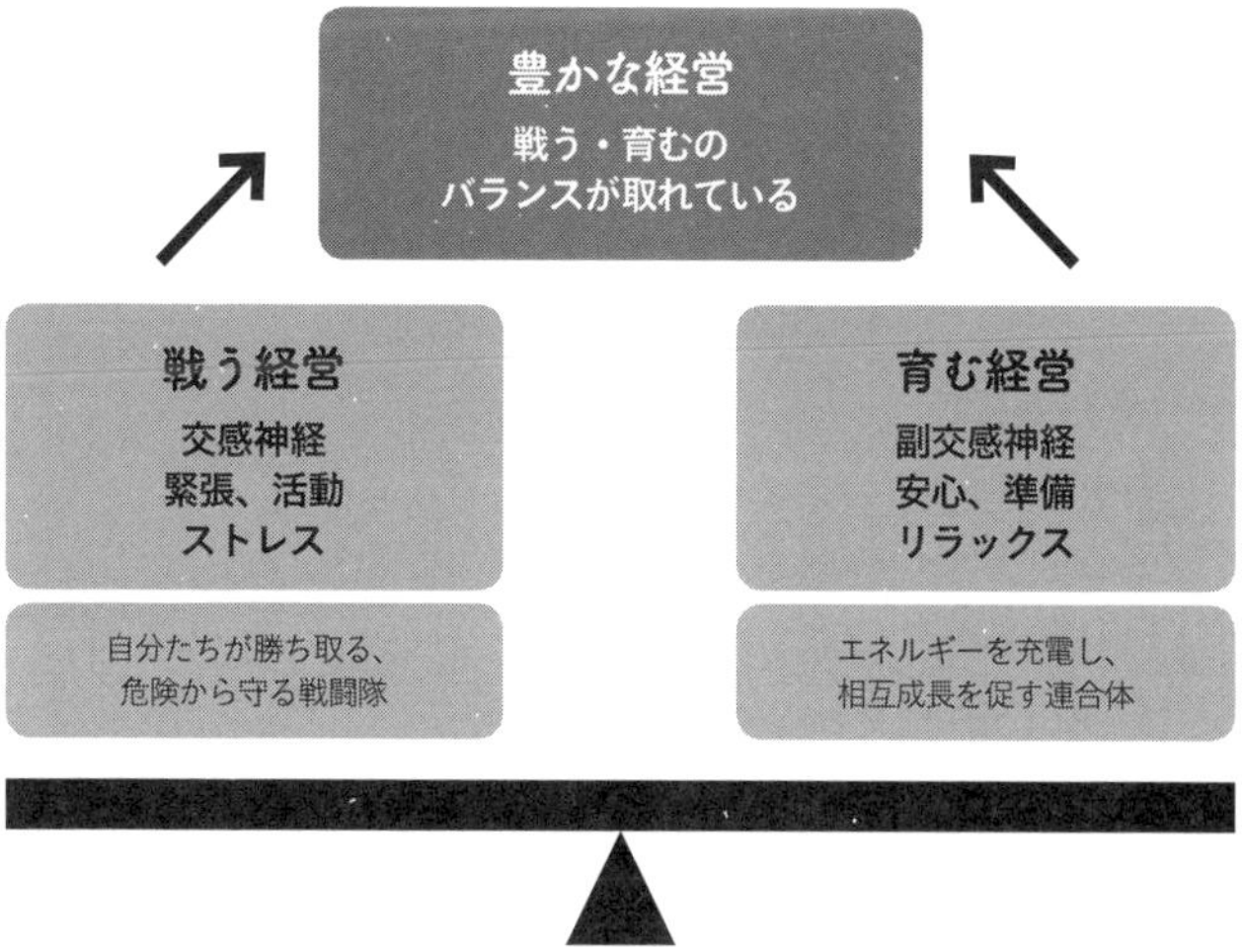

「戦うvs豊かな」ではない。「豊かな」とは、情勢・事業・人・組織の状況に応じて、おたがいに協調しながら、絶妙なバランスを取っている状態のことを指す。たとえば、「交感神経（緊張）」と「副交感神経（リラックス）」とがバランスをとり、調和して「豊かな経営」が成立する。

第1話

生き残りをかけた工場再生

～社員自身の力で自分たちの市場価値を上げる～

キャスト

■篠田亜子 42歳 プロセスデザイナー

感情豊かで明るく元気。自己受容力が高く直感が鋭い。敵対していた相手もいつの間にか味方になってしまう。事業や人が成長し、隠れた可能性を広げて活躍するための支援に生きがいを感じている。

■森本浩二社長 45歳

頭の回転が早くロジカル。決断が早く周りはなかなかついてこられないが情に熱い。人をど真ん中において改革を進めるマネジメントを大切にしている。

■伊藤武工場長 60歳

工場の運営に対して責任感が強く、普段は優しい孫思いのおじいちゃんだが、納期が遅れそうになると、怖い顔になり、大声で罵声を上げながら命令するマネジメントを行ってしまう。

■田村智子課長 40歳

工場の生産管理を任されている。縫製技術はあまりないが、工場の全体を見ながら進める力を持つ。穏やかだが、ものごとを判断する資質がある。

■**村井和美認定指導員 65歳**

岩手県を愛し、情熱をもって亜子と一緒に改革を進めてくれる心暖かい縫製技術指導員。

■**中西佳子サンプルチームリーダー 32歳**

口数が少なく、あまり目立たないが、丁寧な仕事をする、知識と技能に長けたサンプルチームの女性社員。

■**岩井秀昭社長 55歳**

静岡県にあるモーター部品工場の社長。トヨタ式と人材開発で経営改革を実践し、多くの工場で結果を出してきた人物。

■**毛利雄二営業部社員 47歳**

ブランドメーカーに信頼されている営業マン。マイペースで仕事は丁寧。工場の改革には比較的協力的。

■**湯田博営業部社員 32歳**

ブランドメーカーに振り回されている営業マン。頑張ってはいるが空回りしてしまう若手社員。

突然の社長就任と厳しい現実を受け止める

「篠田さん、黒水工場が黒字になったよ！みんな元気に働いているって」

篠田亜子は、久しぶりにかかってきた森本浩二の電話の元気な声を聞いてうれしくなった。森本は、亜子がプロセスデザイナーとして仕事を受けた最初のクライアントだ。その時の森本はまだ部長で、アパレル商社の事業部門のエリートだった。頭の回転が早く仕事をテキパキこなす、また情報を集めるのが上手で意思決定が早い。さらに先を読む力があり、説明能力も高くロジカルでわかりやすい。森本の部下たちは、彼の考えについていくので精一杯だった。しかし、一方で人情味があり、部下の面倒見がとてもよいので信頼を持たれる部長だった。その森本が、事業会社から出向し、初めて子会社の社長に就任した先が、岩手県にある黒水工場だった。

当時の黒水工場は、毎年2,000万円以上の赤字を出しており、親会社は、後3年赤字が続くようであれば、手放すことも考えていた。持ち株会社の富士見会長は森本が就任する際に伝えたことがある。

「経営とは人を想うことだ。そして、わがグループ会社は、社員の雇用を守ることを大切にしてきた。しかしこのままでは、工場の存続自体が厳しく、社員の雇用を守ることができない。黒水工場は東北地方の大切な産業だ。君が社長に就任し、モノづくりの価値を実感しながら何とか再生させてほしい」

森本は会長から辞令を受け、やる気をみなぎらせていたが、就任後間もなく、厳しい経営数値を把握し、これは思った以上に険しい道のりになると感じていた。

昭和のバブル時代に、海外カジュアルブランドの縫製工場として生業を立てていた黒水工場は、各ブランドメーカーの独特な風合いや特殊技術を得意としていたこともあり、国内生産を一括して任されていた。そのため、他社の工場が小ロット多品目の生産方式に変更し始めた時期に、品質や生産量を安定させるために生産方式を変更するというリスクは取れなかった。1990年代にファストファッションなど低価格化競争が始まり、ファッションの流れもカジュアルからエレガンス系に変わったため、受注量は激減し、あっという間に赤字工場へと転落してしまった。

森本は、工場の生産方法が今の時代に合っていない上に、技能も個人でバラバラ、現状の3ブランドの顧客だけでは生業は立たず、新たな顧客開拓が必要だということは重々理解していた。しかし、工場社員の平均年齢は47歳と高く、この仕事のやりかたで長年働いてきた社員が変われるのだろうか、しかも、女性ばかりの職場で、女性社員の扱い方もわからない自分に、この工場の改革を実施できるのだろうか、という不安が日増しに募っていたのだ。

森本は事業会社のアパレル商社部門では、事業の方向性や戦略などを自分で分析し、決断した後に、部員に対しトップダウンで伝え、組織のマネジメントを行ってきた。しかし今回は、事業の生き残りをかけた構造改革だ。そして、長い間、同じ環境の中で仕事をしてきた工場社員のひとり一人の意識や組織の風土改革も必須となる。

森本の頭に、すぐさま、篠田亜子の顔が浮かんだ。森本にとって、亜子は部長時代から事業の改革を一緒に進めてきた戦友だった。

森本は、亜子が働いているコンサルティング会社・TFM社のオフィスを訪ね、神妙な面持ちで話を切り出した。

「篠田さん、今回の工場の改革は、今までのような事業の成長を促進させる組織開発とは異なり、事業の存続をかけた厳しい改革になると思う。僕自身もどこまで改革できるかはわからない。ただ、持ち株会社は、このまま赤字が続くようであれば3年で売却をすると言っているんだ。僕はやれるところまでやろうと思っている。ぜひ篠田さんの力を貸してもらえないだろうか？」

亜子は、森本が初めての社長就任にしては、かなり厳しい事業を任されたものだなぁとは思ったが、

「森本社長の力になれるんなら喜んで！また一緒に仕事ができるんやもん。めちゃくちゃ楽しみですよ」と、笑顔で即答した。

黒水工場には、総勢85名の社員が在籍している。伊藤工場長は、60歳の還暦を迎えたばかりで、普段は笑顔で優しく、気のいいおじいちゃんではあるが、ひとたび生産が遅れると大声を上げ、ぐずぐずしている工員は名指しで罵倒する。その怒鳴り声に、社員達は恐怖を感じていた。そんなこともあり、全盛期には、活気があり、ミシンの音がリズミカルに鳴り響いていた黒水工場は、今は常に緊張感が漂うギスギスした工場になってしまっていた。

工場では、大量生産方式を行っているため、工程毎に受注枚数を仕上げ、次の工程に流すやり方を行っていた。ひとりが担当していた工程にミスや不良品が出ると、その工程で生産が止まり、納期を圧迫することにつながりやすい。責任感の強い伊藤工場長は、檄を飛ばす意味で鞭を打つように怒鳴り声を上げる。

しかし、大きな怒鳴り声に対する恐怖から、皆は萎縮してしまい、やがて恐怖や不安

は、苛立ちに変わり、ミスした個人を責める風土が蔓延していたのだ。
お互いの不信感につながり、対話がなくなりミスが増えるという悪循環が繰り返されていた。その根底には、生産量が激減している現実や、赤字経営の工場の将来に対する不安や恐れがあるのだろう。社員は職場のギスギス感で疲弊しており、工場内には不満が蔓延していた。

森本の依頼を受けて、亜子は、森本と一緒に黒水工場の改革の方向性の確認と改革シナリオを考えるミーティングを行った。工場が存続するためにはどうしたらよいのかなど、やり方を考える前に、そもそも、何のための改革なのか、どこをめざすのか、目的と目標を明確にすることから始めた。森本が大切にしている想いを引き出しながらじっくりと話し合った。
森本は、人をど真ん中に置いた改革をめざしている。利益を上げるために、事業を存続するためだけの改革を行うのではない。そこで働く社員が仕事を通じて、仲間と働く喜びや、誇り、自己成長など、働く幸せが実感できる事業の組織をめざしていた。

森本と亜子は、今回の改革の目的を「社員ひとり一人が仕事に誇りを持ち、市場で生き残れる工場に再生する」と決めた。

しかし、現状では、生産枚数が減ったこともあり、工賃が思うように取れず、市場どころか、工場を稼働させればさせるほど赤字が累積される状態だった。

森本の頭の中には、工場を今まで通り自社グループに残したいという想いはあった。しかし、現状では、工場廃止はなんとか避けられても、売却は避けられないというのが現実的なラインだった。また、売却するにしても、工場の市場価値を上げる必要がある。今の工場では、大口生産の受注に対応する生産手段を使っているため、工賃が見合わない。まずは、①一枚流しの生産方式にシフトさせ、小ロットでも生産力を上げる。次に、②多品目が扱えるように知識・技能を身につける。最後に、③新規開拓を行い、受注量を増やしながら、収益を改善し工場の価値を高める。少なくとも、①と②の改革は推し進めないと市場価値が高まらない。

大量生産方式から小ロット多品目の生産方式へ変更するということは、仕事のしかたを完全に変えることになるので、おそらく現場での混乱が起こるだろう。ここは亜子の出番だ。

目的とありたい姿を明確にし、そこに近づく思考行動パターンに変えるにはトレーニングが必要だ。森本と亜子は、念入りにシナリオを構築し準備を開始した。

改革のカギとなる想いの源泉を見つける

森本は、社長就任1週間後には工場の実態を把握するべく、社員と対話をするために岩手県に向かった。この工場は、6年前に持ち株会社がM&Aを行い、グループの事業会社の子会社として傘下に入った。

どんな会社の社員でも、新しい経営者が就任した時、「社長はどんな人だろう、私たちはどんな風になるんだろう」と、気になるものだ。森本が、すぐに現場に足を運び、社員と対話をすることは、改革のスタートを切るためのとても重要なポイントだった。

森本は2か月かけて85名全員と面談を行った。1対1での面談、それは、工場の社員にとって、とても衝撃的だった。今までの社長は、年に数回工場に足を運び、幹部とだけ話をし、宴会をして帰っていく。工場の現場に足を踏み入れ、社員ひとり一人と対話をすることなど一度もなかったのだ。森本が伊藤工場長に、全社員と面談の時間を取ってほしいと伝えると、伊藤は「いよいよ工場は閉鎖されるのかと思い、肝を冷やした」と、のちに笑いながら話していた。

面談は、ひとり一人丁寧に時間を取りながら、まずは、日々の仕事の中で考えていることや感じていること、困っていることや悩んでいることを聴いた。最初のうちは緊張していた社員も、森本が熱心に耳を傾ける様子を見るうちに、徐々に本音を話し出した。社員の想いを聴いた後、森本は、ゆっくりと厳しい経営状況や工場の置かれている立場などを伝えた。そして、このままでは工場を閉鎖する可能性があること、今すぐに改革を行う必要があることを共有し、最後に「僕と一緒に改革を進めてもらえないか」と尋ねた。

その結果、ほとんどの社員が前向きな想いを返してくれたことに、森本は大きな手応えを感じていた。その中でも、大人しそうに見えた物静かな田村の発言には森本も驚いた。森本は亜子と面談の振り返りを行った中で、

「田村さんが、ずっと黙って僕の話を聴いてくれてたんだけど、最後にね、〝工場の運営が厳しいことは感じていましたが、どうしたらよいのかがわからなかった。改めて社長から事実を聞き、現実としてとらえることができました。私は、この仕事が好きだし、やめたくない。そして、なによりもこの土地にある工場を閉鎖させたくない。私にできることはやります〟って言ってくれたんだよ。うれしかったなぁ」

「そうなんやね。みんな、この仕事が好きで、心の底にはとても熱い想いを持ってるんよ。それでも、森本さんがひとり一人に想いを込めて話したから、もともと彼女たちの中にある、仕事やこの工場に対する想いが湧き出てきたんやね。共感のエネルギーって

伝染するもん」

「そうかもしれないなぁ。僕自身、話をしていて、熱い想いが出てきてたからなぁ」

「改革のエネルギーは想いが束なることやから、どんどん仲間を巻き込むエネルギーにつながるといいですね」


改革のスタートで大切なのは、トップ自らがフラットに社員の声を聴けるかどうかである。時には経営者本人に向かって、不平不満を直接伝える社員も存在する。会社の歴史の中で、経営者が取ってきた意思決定は、経営の考えそのものとして、社員には映っている。経営にとっては、仕方がない判断だとしても、その背景を知らない社員にとっては、時に不信感を生むことにつながってしまう。今回森本が行ったことは、経営に対する信頼を築く第一歩でもあった。経営者が自ら、社員が考えていることや悩みなどを「なぜそう思うのか」という背景も含めてじっくりと聴く。その時に、その意見に対して評価や判断を入れないことが大切だ。そういった安定した基盤があると、相手は、自分の話を聴いてくれた、意見を受け入れてくれたと感じ、次に経営者が話すこと、例えば予想される未来や、経営側が見ている事実なども受け入れやすいのだ。結果的に、お互いの認識が合わせやすくなる。そして、最後に経営者の想いを伝える。そのプロセスが踏めれば、「自分のこともわかってくれる、事実もはっきり教えてくれる、そんな経営者なら信じてもよいのではないか」と、心をオープンにしてくれる社員は少なからずいるはずだ。

改革には同じ想いを持った仲間が必要だ。経営者ほど、孤独になりやすく、仲間づくりが難しい役割はない。ある意味、森本はこの面談を通して工場改革を共に進めてくれる仲間を探していたのだ。

亜子は、森本の面談後に、森本が苦手とする相手や、フラットなスタンスで聴けなかった相手の事後フォローをしながら、同時に、亜子の目から見た、改革のカギとなる能力や強み、想いの源泉であるエネルギーを持っていると思われる社員の発掘も行っていた。


フォローが終わった後に、亜子が帰り支度をしていると、工場ではめっぽう評判の悪い伊藤工場長が亜子を呼び止めた。そして、今まで不安でたまらなかったことを亜子に吐露し始めたのだ。

「今までの社長は、わしらの工場に興味がないと思ってだ。工場の未来をあんな風に話してくれたことなんかなかっただ。年に2回夏の繁忙期の終わりと、年始に挨拶程度で顔を出してくれたんが、社長の話に合わせるので精一杯で、恐れ多くで、訊けんかっだ。それでも、毎年、受注量が激減し、赤字が続いとる。毎日不安で寝れねーし。幹部やリーダーは、ことある毎に、今後はどうなるんかと聞いてくるが、わしには答えられねー。森本社長はちょっと今までの社長とは違っとる。まだ、何を改革し、どうやって進めていけばよいのかはわからんが、頑張っていけそうだぁ」

亜子は、話を聴きながら、鬼軍曹というあだ名までついている伊藤工場長が愛らしく思えてきた。彼なりのやり方で、この工場を守るために、必死に頑張ってきたのだ。そのためには、目の前の納期と品質を守ることが自分の仕事だと信じ、ミスが出ないように、納期が遅れないようにと、声を荒げて鼓舞してきたのだという。

「工場を守るためには、わしが嫌われ者になってもかまわね。嫌な役回りをしないと、工場はつぶれてしまう」

亜子は、伊藤工場長が頑張ってきたことを受け入れ、努力を認め、「よう頑張りましたねー」と慰労しながら、さらにじっくり話を聴いた。

伊藤工場長は、強い父親に厳しく育てられた長男だ。その影響もあり、親方気質で父性性の牽引力と完遂力が強いリーダーだ。自分が工場を守る、皆を養うということに責任感を持っていた。そういった思考が、トップダウンで罵声を上げてやらせるという行動パターンを生んでいた。こういった思考行動パターンは、昭和の高度経済成長時の工場リーダーでは珍しくないが、今後の改革を進めるうえでは、モチベーションや生産力を下げ逆効果になる。

亜子は、伊藤に対して、伊藤の言動は「工場を大切にしているが故、起こしてきた行動である」ことを伝えつつも、その行動で周りにどのような影響を与えているのかを本人が認識し、意図的に行動を変えていく訓練が必要であることを伝えた。

亜子は、伊藤と定期的にミーティングを行い、思考行動パターンの変容を促すために、自分の思考の癖、反応してしまう言葉やシーン、何度も再現している行動パターンを丁寧に確認しながら自覚を促し、意図的に行動を変えていく訓練を行うことにした。

これから、工場は新しい生産方法で仕事を行うことになる。これは工場の社員は誰もが経験したことがないやり方だ。新しいことに取り組む時、現場は、恐れや不安、疑問などであふれかえるため、リーダーシップやマネジメントのやり方も変える必要がある。

その夜、森本と亜子は、岩手の小料理屋で、日本酒を飲みながら話をしていた。

亜子は森本に伊藤工場長の話をしながら、伊藤だけではなく、ラインリーダーや幹部がパワーのみで推し進めるリーダーシップではなく、相手を支えフォローするプロセス支援型リーダーシップが必要になると伝えた。それは、支持力や受容力、共感力など、母性性の要素だ。

「面談の中で出ていた意見を見ると、思った以上に職場で不満が充満しているみたいだね。ほとんどが女性の組織だし、現状は人の悪口や妬みや嫉みが多いようだから、ひとつやり方を間違えると、みんなにそっぽを向かれてしまうかもしれないなぁ」

「あれ、森本さんは思った以上に、女性が多い職場は苦手なんやね？」

「そりゃそうだよー。前の事業会社はほとんどが男性社員の組織構成だったしね」

「でも、初めて森本さんが面談した時に、みんな、そこまで想いを話してくれたのだから、一緒に状況を変えたいと思っているのではないですか？」

「そうなんかな。でも僕のことを救世主だと思っているようには見えたね」

「実際、そうなんじゃないかな？今までの社長は彼女らの話を一度も聴いたことなかったみたいやし、だから、最初は救世主だと思ってもらってもいいんちがいますか。ちょっと気になるのは、伊藤工場長から罵声をあび続けてたから、人間として扱われてこなかったという感覚があるよね。萎縮しちゃうと言っている社員がほとんどやったし。ずっと怒鳴られ続けるマネジメントについては、めちゃくちゃ不満言ってはりましたよ。組織の中で後遺症として残ってるかもなー」

「後遺症かー。それは困ったもんだな。伊藤工場長には変わってもらわないと困るんだけどね。変われるか、篠田さんから見てどう思う？」

「伊藤工場長は、たまたま、怒鳴ってやらせるやり方しか知らなかっただけ。それが効果ないとわかって、別の方法が見つかったら変わると思いますよ。責任感から行動しているんやから、想いの源泉はピュアなんよね。笑ったらかわいいし、とても優しい人やし。メンタルトレーニングで、ある程度は落ち着かれると思いますよ。

あ、後遺症っていったのは、受け側の話だけやなくて、ラインのリーダーも同じようにパワーでやらせるリーダーシップが日々行われているってこと。そちらも同時に手当てをしないとあかんと思います。この間、ラインのリーダーと話をしたんやけど、彼女たちも、本当は、納期が間に合わないときや、ミスをしたとき仲間に対して大声を上げるのは嫌みたいですよ。仕方なくやっているけど、本当はやりたくないと言ってましたもん」

「そうだったんだ。今のやり方だと、納期通りに仕上げてもほぼ赤字の状態だから、工場長がリーダーに伝えて、はっぱをかけているんだよね」

「実は、Aラインのリーダーの女性が、この間の個別インタビューで泣いていたんです。昔皆と楽しく仕事をしていた頃が懐かしい、嫌われ役なんてしたくないし、なんで私なんだろう……って。きっと、楽しく仕事をしていた時の自分らしさを取り戻したいと思ってるんやろね」

「そうだな。リーダーの役割そのものを見直す時期だね」

「はい。今後の生産方式は、前後の工程が助け合いながら行うやり方やから、リーダーは、周りを見る、お互いを助け合うなど、サポート機能が重視されます。ただ、リーダーの役割や配置をいきなり変えると現場は混乱するから、それは次のステップかな。まずは、全社員面談の後、すぐに、全社員がそろった場を作りましょう。そこで、森本社長が直接、改革のめざす方向性と目的と目標を発信するんですよ。その後、全社員がグループに分かれて、オフサイトミーティングを実施する。社長との個別では、改革を一緒にやろうと答えたとしても、実は、不安や不満、疑問はたくさんあるはずですもん。それをざっくばらんに話してもらいましょうかね。そうや、その場に森本社長は入らない方が良いと思いますよ。本音が出にくいしね。森本さん、しゃべりすぎるから（笑）、その場は、私がコーディネートしますね」

「アハハ、懐かしいなー。以前の事業部でも、最初にやったよね。僕がミーティングでしゃべりすぎるから、篠田さんが、部長は会議から離席してくださいって言われてびっくりしたよ。実は、その時かなり落ち込んだんだよ。でも、今思えば、あの時は確かに、僕は一人でしゃべって、一人で答えを出していたんだよね。そりゃあ、部下も僕の前では話せなかったことがたくさんあったはずだわ。それから、すぐに山村課長にミーティングを任せろって言われてさー。結果的に山村がまた上手にやるわけだ。おかげさまで、部下の意見やアイデアがたくさん出るようになって、商品開発が進んだもんね」

「森本さんは、素直な人やから（笑）。ほんま、失礼なこと言ってすみません！でも、私が言ったことはちゃんと聴けたのに、なんで、あの時は、部下の話聞かれへんかったんでしょうね？」

「全部答えを準備していてね。部下に教えてあげたくてしかたなかったんだよ。だから、全部自分で問いを出して、答えを伝えてた（笑）。そりゃ、部下もやりにくかっただろうな」

「いやいや、でも、今はできてるよー。今回、社員全員の話、ちゃんと聴けてたし」

「おー、確かに！僕ももしや成長したか！」

「そうそう、ほんと、すごい成長ですよー」

「あはははは、なんか照れくさいな」

社長やリーダーが役職に就任後、面談を行うことはとても重要なプロセスで、新しい部署に異動になった時は、まず上司の方が部下の話を聴く。その後、上司の想いを話す。

ある日突然、社長がやってきて、勝手に改革の旗を揚げ、トップダウンで「やれ」と言われても、誰もついてはいかれない。

森本は、まず相手の状況を確認し、それから現状を共有し、最後に想いを伝えたのだ。亜子は、昔を懐かしみつつ、今回の森本の社員を大切に思う気持ちや進め方に改めて感動した。

悩みの共有で自分の居場所をつくる

社長が改革の宣言をするために、黒水工場の食堂には全社員が集まっていた。亜子は、前日から岩手に入り、工場の近くのビジネスホテルに泊まり、朝、伊藤工場長の車で工場までやってきた。すでに、工場に出勤していた森本は、珍しく少し緊張した面持ちで窓の外を見ていた。

集まった社員は、社長が何を話すのか興味津々な面持ちで、女性が多数を占める食堂は、あたかも開演前のコンサート会場並みの騒がしさだった。

森本は、前に立ち、すっと息を吸い込んだ。

「皆さん、おはようございます」

「おはようございます！！！」思った以上に元気な声が返ってきた。

「今日は、皆さんと一緒に、これからの我々の工場や自分自身の未来について話し合う一日にしたいと思っています。僕は、今年の3月に黒水工場の社長に就任しました。皆さんとは一度面談をさせてもらいましたが、その時の話は覚えていますか？その時、皆さんの想いや不安などをたくさん聴かせていただきました。その後、この工場の現状と予想される未来をお伝えし、一緒に工場を改革していきたいとお伝えしました。今日は、そのスタートにしたいと思っています。この工場は、ご存じの通り、2年連続の赤字で経営がかなり厳しい状況です。このまま何もしなければ、存続自体が危ない状況でもあります。しかし、私は皆さんと一緒に何とかこの工場を残したい、皆さん全員がこの仕事に誇りをもって働き続けてもらいたい、そう思っています。だからこそ、そのために必要な改革を推し進めたいと思っています。

具体的に改革とは何をすれば良いのかのお話をすると、我々が長年慣れ親しんできた生産方式は、大量生産の時代ではとても生産効率が上がりました。しかし、今は、受注量も減り、小ロット生産の時代になってしまいました。このまま大量生産方式で生産力を上げるには限界があります。そこで、まずは、小ロットで多品目の縫製が可能な〝一枚流しの生産方式〟に変えること、それが今回の改革の大きな柱になります」

森本の話を聞いていた工場社員は、改革の目的や背景についてはふむふむと頷いていたが、生産方式を変える話になると、導入の目的は理解できたが、どのような生産方式なのか、それは我々に可能なことなのかなど、ほぼ理解できてはいなかった。亜子は、「そりゃ初めてのことだし、見たことないだろうから、イメージ湧かへんやろなぁ」と思いながら、社員の表情を見ていた。

森本は、めざす方向性について話し終えた後、亜子を皆に紹介した。

「今後、改革を進めていくうえで、皆さんや僕を応援してくれる人がいます。企業改革と組織開発のコンサルティング会社、TFM社でプロセスデザイナーという仕事をしている、篠田亜子さんです。僕とは事業会社で部長をしていた頃からの戦友です。一緒に改革を推し進め、時に支え、時に叱ってくれる頼りになる女性なので、皆さんも、僕に言えないことはどんどん彼女に相談してください」

一斉に、社員の顔が亜子に向けられた。亜子は、少し照れながら、前に出て話をし始めた。

「皆さん、おはようございます。篠田亜子です。大阪生まれの大阪育ち！42歳、独身！岩手県へは、安比スキー場に毎年遊びに来てました！アスピリンスノーでめっちゃ滑りやすい雪ですよね。小岩井牧場のクッキーは大好きで必ず食べた！南部せんべいは癖になるよねー。そうや、さっき、生産方式が変わるって、森本社長が、話してたけど、イメージわからんかったんちゃいますか？みんな、見たことないもんね？」

亜子が皆に向かって質問を投げかけると、ほとんどの社員が頭を上下に振って、「そうそう、知らん、見たことない」とあちこちで答えてくれた。

「そっかー、見たことないやり方に変わるのは不安よねー。でも大丈夫、ちゃんと、皆さんが新しいやり方に移行できるように環境をつくっていくからね。最初は大変やとは思うけど、改革が進められるように精一杯サポートするから、どうぞよろしくお願いいたしまーす！」

亜子の明るい話しぶりや、新しい生産方式について少し触れたことが良かったのか、社員たちの表情からは笑顔があふれだした。

森本は方向性を発信した後、シナリオ通り、その場から外れ、亜子が全体のコーディネートをし始めた。

参加者85人は、各グループ5～6名、合計15のグループに分かれ、食堂のテーブルを外し、椅子だけにして、車座で話す。事前に幹部と打ち合わせを行いチーム編成はしておいた。幹部と現場は別のグループで構成し、参加者が話しやすい環境をつくった。進め方はオフサイトミーティング形式で行った。

それぞれグループのメンバーがひとり一人、次の①と②を話し、グループの他のメンバーが質問をしながらやり取りをする。

①ジブンガタリ　自分の生い立ちや転機を語り合い、お互いを知る。
②モヤモヤガタリ　社長のメッセージと日頃仕事でモヤモヤしていることを語り合う。

最初はぎこちないやり取りだったが、徐々にお互いの想いの共有や共通点が見つかりだすと、対話に熱がこもり始めた。亜子は、全体の流れと各グループの様子を見ながら、対話が滞っているグループに入り、場を進めていった。そうしているうちに、職場についてのモヤモヤガタリが激しくなり、会社の方向性どころではなく、現状の不満がさく裂し始めたのだ。

亜子は、その様子を「皆、同じ不安や不満を抱えていたのに、お互い話す場がなかったんやなぁ」と思いながら見ていたが、次第に職場でのいじめやモラハラ・パワハラの多さが見えてきて、驚きを隠せなかった。

長年同じ仲間と働いていると、人間関係も固定化され「あの人はああいう人」というレッテルをお互いに貼ってしまう。

あるグループの中で、50代後半の女性社員が涙目で話をしていた。森本の発信の時から、ずっと下を向いていた、この女性のことが気になっていた亜子は、ちょうど彼女が話し出したタイミングでそのグループの対話に参加した。

「工場長が怖いんです。ミスをすると鬼のような目で怒鳴り散らしてくる。それが怖くて余計に手が縮こまって、またミスが続いてしまう。こんな私は、この工場にいてはいけないのかな？毎日が辛いんです」

それを聴いていたひとりの仲間が、

「私も一緒だよー。私もこの間ミスしちゃって、工場長にすごく怒鳴られたもん。それだけではなくて、ラインのリーダーにも凄くヒステリックに怒られた。怖いよね。あんなに言わなくてもいいのにね」

それを聞いたもう一人の仲間も、私も萎縮すると話し出した。「そりゃ、この状況では、ミスは増えるはずだ」と亜子は内心で思いながら、少し対話に加わった。

「辛いね。一生懸命働いているのに。もっと楽しく仕事が出来たらいいのにね」

「前はね、楽しかったの。この頃はほんとに仕事が辛い。辞めたいって思っちゃう。でも、辞めるわけにいかないし」

「私は夫の母親の容体が思わしくなくて、今後介護になりそうだから、この機会に辞めようか、ほんとに迷っているの」

「え？そうなの？Bラインの山田さんも、そんな話してたよ」

亜子が思っていたよりも、日ごろからお互いの悩みの共有はされていなかった。今日の場は、これから工場の改革をスタートさせるキックオフだったが、彼女たちにとっては、全員がジブンガタリやモヤモヤを話したことで、自分の考えや隣の仲間が何を考えているのかがわかり、何かしら共感できるものが見つかっただけでもかなりの収穫のようだった。


その夜、森本と亜子は、オフサイトミーティングでの様子や、どのような意見が出ていたか、森本の発信に対して社員たちはどのように受け止めていたのかなどを話しながら、次の作戦を話し合っていた。

「彼女たちは、改革が必要なことは理解できているけど、具体的に何をするのかはイメージできてないみたいでした。それよりも、日々の仕事の中での悩みや、プライベートと仕事に挟まれている悩みや不満などが出るわ出るわでタイムオーバーでした（笑）」

「この工場の社員は、実家が農家や酪農をしているところが多く、家の仕事の手伝いや、親の面倒も見ないといけないし、いろんな役割を担っていてね、愚痴も言いたくなるだろうね」

「それと、思った以上にお互いの現況を知らへんから、仕事でミスしたり、悩んだりしたり時、相談できる相手がいないんちゃうかな。相手の状況はわからへんから相談に乗れへん…ということもあるんやとは思うけど」

「そうか、今の仕事はかなり分業体制だから、自分の担当縫製だけをやっておけば良いので、周りの人が何をやっているのかが見えにくいんだよね」

「それもそうなんやけど、新しい生産方式が全くイメージできてへんから、これは早く、実際見た方が良さそうだと思いますよ。そうだ、この間から探している新しい生産方式で品質の高い工場は見つかりそうですか？」

「うん、その件だけど、ちょうど良さそうな工場がいくつか見つかって、アポを取っている途中なんだ。石川県にあるベビー服の工場なんだけど、とても納期・品質が安定していて、参考にする工場として良さそうなんだよね。そこが見学できると良いんだけどな」

「見つかって良かった。ぜひ、全員見学に行かせてあげてくださいね。五感でイメージできることが大切やから最高の見本を見るのが一番！」

「そうだな。じゃあ、できるだけ早く見学できるように手配するよ。篠田さんも一緒に見学に来てくれるよね？」

「もちろん、行きますよ。楽しみ！そうそう、明日は、幹部ミーティングを実施しますが、森本さんは東京に戻るんでしたっけ？」

「あー、ごめんごめん、そうなんだ。昼から営業会議があるから、朝早く東京に戻るよ。幹部ミーティング、よろしくね」

「はい。了解！幹部の方々には今日の内容も含めて、認識合わせと課題共有をしておきますね」

まずは工程の見える化が先

翌日、亜子は幹部と、工場のめざす方向性と現状の課題について話し合うために集まった。幹部は4名。工場長と課長の3名だ。工場全体・生産管理・裁断・縫製の管理職で、ラインリーダーは生産ラインで稼働をしているため、幹部ミーティングには出席していない。

伊藤工場長は、先日亜子とじっくり話をしたので、今日は穏やかな表情で参加してくれている。生産管理の田村課長は、今年の繁忙期もままならないのに、改革をどのようにしていけば良いのか少し不安を感じているようだった。その他の2人の課長は、現場が忙しいのに、ここにいて良いのかと居心地が悪そうに座っていた。

亜子が、昨日の社長の発信を受けて、自分たちはどう受け取ったのかを訊くと、伊藤工場長が真っ先に話をし始めた。

「社長の話はとても理解ができた。何が何でも工場の改革をしなければならない。昨日の様子だと、皆、この工場を残したいと思っていると感じた」

田村課長が続いた。

「確かに、改革をする必要性や目的は理解できましたが、いきなり生産方式を変えるのは難しいし、進め方を考えないと。仕事を取ってきてくれるのは営業なので、営業の仕事のしかたも変えてもらわないといけなくなるでしょうし。でも、それは難しいですよね」

亜子が、田村に対してどうして難しいのかと質問した。

「今、本社には3名の営業がいて、それぞれ大きなブランドメーカーを担当しています。癖のあるブランドメーカーばかりなので、担当によっては、なかなかこちらのペースで仕事が出来ていないのです。また、受注量が取れない上に、突然、小ロットの受注を横から差し込んできて、納期も極端に短いなど、相手に振り回されている状態なんです。年々無理難題の依頼が増えているように感じるので、こんな状態で工場が改革なんてできるのかなと思って。特に、入社5年目の湯田君はいつもメーカーに振り回されっぱなしで、計画通りに進んだことがないから困っているんです。毛利さんはあんなに計画的に仕事を回してくれるのに、営業マンは3人ともやり方がバラバラで、生産計画を作っては崩されてやりにくいんです」

「ふーん、なるほどねぇ。各営業マンの受注までのプロセスの見える化って、されていますか?」

「え?見える化?」

「そうそう。それぞれメーカーによって受注する流れが違うのか、営業マンの仕事のやり方が違うことが問題なのかがわかんないから、確かめてみたいなと思ったんやけど」

「どうだろうなぁ。わかりませんが、でも、うちで唯一、利益を出せる受注をしっかり取ってきてくれる毛利さんの仕事のしかたに、合わせてほしいんですけどね」

「そりゃそうだね。ところで、営業の方は工場に来るの?」

するとそれまで黙っていた、もう一人の縫製の課長が話し出した。

「篠田さん、営業は工場にめったに来ませんよ。来ても納期に間に合わないとか、不良品が出たとか、トラブった時くらいです。普段は東京と電話のやり取りですべて済ませています。いつも電話でもめまくってますけどね」

「相手のことをあんまり知らないのに、電話でいろいろ調整するって難しいでしょう？そうだ、これから生産方式も変わるし、営業の人たちにも今後の方向性を共有しときませんか？その時に、彼らの受注の現状や仕事の流れも教えてもらっておくと改革が進めやすいかもね」

最後まで黙っていた裁断の課長も、ついに想いを口にした。

「あいつら、工場に来たら、今まで言えなかったことを言ってやりたいっす。いつも無理ばっかり言ってきて、結果的に工場が赤字なのは、あいつらのせいでもあるんだよ、まったく」

「あれれ、腹立つ心境もわかるけど、まずは、来月、営業と幹部の方とのミーティングを実施しましょう」

亜子は、生産計画が立てられないという問題や課題を特定する以前に、幹部自体が営業のプロセスや全体の工程が見えていないことが分かり、工程の見える化を行うことが先決だと感じた。

黒水工場の幹部は、工場の経営や組織運営をマネジメントしてきたというよりは、日々の仕事をさばき、何とかオペレーションを回してきたというのが実態だ。田村課長は、まだまだ感覚的ではあるが、全体を見て課題を捉える力をありそうだと亜子は見ていたが、その他の課長は視野も狭く、自分の周辺業務だけを見ているので、いきなり全体観を持って人や組織のマネジメントができるようになれと言っても難しい。本来、このような能力開発には、継続的に考え実行し振り返る場が必要なのだが、あまり時間はない。

亜子は、幹部に特定せずに、現場にマネジメントができる人材がまだ隠れている可能性があるので、もっと現場に入り込む必要があると感じていた。

その後、亜子は、東京に帰った森本に幹部ミーティングの内容を共有し、改革のシナリオや環境、しくみを作るために、幹部ミーティングを活用し、毎月実施することで合意した。

未知の挑戦は見本を五感で学ぶ

新しい生産方式を導入するのは早い方が良い。しかし、これについては、新しい生産方式を、いつ頃、どのように導入するのか、今の仕事で混乱している幹部ではなく、まずは森本と相談することにした。

亜子は森本に少し厳しいが現状を伝えた。

「森本さん、今日はちょっとぶっちゃけた話をしてもいいですか？工場の知識・技術が我流でバラバラなのが、前から気になっていたんです。今まで特定のブランドメーカーの仕事を、各自が得意なところを分業で縫製をしてきたでしょう？だから、その人の癖ややり方が違っても、あんまりわからなかったんだと思う。生産方法が変わると、それは致命的になるんじゃないかって思ってるんですよ。一枚流しは、前後工程は人が重なるでしょう？今のままだといろんな癖や仕上がりのムラが出るんじゃないかな。そこでね、78名の工員ひとり一人がどのくらいの技術を持っていて、どのくらいのレベルなのかが分かるようにした方が良いと思うんですよ」

「うーん、そうかー、そうだよなー。で、どういう風にしたらいいの？イメージある？」

「定番商品の標準の品質レベルを工程に分けて決めて、全員がそのレベルになっているかの見極めのための技術カルテを作るんです。これは、組織の技術の見える化です。成長促進にもなる。本人も自分のレベルがわかると刺激になりますし、工場自体も、何年でどのくらいの技術を持った社員を何人育成したらよいのかなど、育成プランを立てることができます。この基準が世の中で通用するレベルであれば、自分の技術が市場で通用するのかどうかが一目瞭然にわかる。本人にとっても自信につながりますよ」

「それは確かにわかりやすいね。そういったものは技術者だからできるものだしね」

「社員の技術はそのまま工場の価値や市場での価値につながるので、彼女たちの武器になりますからね」

「なるほど、自分の仕事や工場に誇りが持てる、そのものだな」

「はい。で、お願いなんですが、こういった環境やしくみを作りたいんです。例えば、縫製の技術の認定試験などがあると思うんですが、そういったものを受けるとか学べるとかできませんか?」

森本はしばらく考えていたが、

「自分たちがどのくらい市場価値があるかがわかる環境やしくみか……良いね。具体的な方法は、僕に考えさせて。ちょっと時間を頂戴!」

森本の良さは、こういったヒントをすぐに具体的なものに変えていく力だ。

それから1週間後、森本が亜子に電話をかけてきた。

「篠田さん、石川の工場に見学が出来そうだ。ベビー服を縫製している工場で、安定した生産を行っているらしい。人数はうちの工場の半分だけど、十分参考になると思う」

「良かった！早速見学に行きましょう。見学に行く前に、何を見て、何を学ぶのかなどは事前に考えておいた方が良いので、次回の全社員オフサイトミーティングの時に考えましょう」

「じゃあ、全社員オフサイトの後に、見学する日程を3回くらいに分けて、予定を合わせよう」

「よろしくお願いします。あっ、そうだ！見学に行くときは、できるだけ、縫製と裁断、仕上げのメンバー混合で組んでくださいね。行き帰りのバスの中で全体の振り返りができますし、見学しながらお互いの仕事が学べますから」

「そうだね、わかった！ありがとう」

これで、まずは新しい生産方式を直に見学することのできる環境が整った。

その後開かれた全社員オフサイトミーティングでは、新しい生産方式の勉強会を行い、何を見て、何を学ぶのかを話し合った。皆、興味はあるが、本当に自分ができるのか不安を隠せないでいた。

それから3週間後の工場見学の当日、亜子も参加メンバーと一緒にバスで石川まで向かった。岩手からあまり出たことがないメンバーが多いため、バスの中は遠足気分だった。

あっという間に工場につき、降りた後も皆興奮状態だったが、工場に入るとさすがに静かになった。石川の工場は45名くらいの規模で、ベビー服を扱っていることもあり、とても清潔な工場だった。そこで働く社員は、静かに、リズミカルにミシンを動かし、ムダのない動きが印象的だった。縫製工程の流れの違いは明らかだった。1工程だけを縫製するのではなく、前後の工程に移動しながら縫製する動き、1枚をみんなで仕上げていく流れを見ながら、参加した社員たちは、そのシームレスさに驚いていた。また、裁断工程では、残り生地のムダのない裁断技術や、裁断がズレない工夫などを見て、仕事の丁寧さに刺激を受けているようだった。

工場を出た後、ほとんどの社員が刺激を受けて放心状態だった。バスに乗った直後は、行きの時とは大違いで皆黙り込んでいたが、亜子がそれぞれの感想を話してもらったとたん、皆、話が止まらなくなった。

「すごいね、とても綺麗な流れだった。うちは、あんな丁寧な仕事のやり方してないよ」

「縫製技術がとても高いね、うちの工場より、若い人ばっかりなのに」

「みんなバタバタしてなかったね。なんで、あんなに落ち着いているの？」

「一枚流しの生産方式って、今回見てわかったけど、面白そう。でも自分にできるかな」

「仕上げがきれいだったね。たたみ方がうちと違っていた。あのやり方の方がしわにならないいんじゃない？」

「でも、とても楽しかった」

岩手の工場に帰りつくまで、皆、話が途絶えることはなかった。

亜子は、見学によって、よりイメージが湧き、マインドセットがある程度できたので、次は具体的に技術力を皆が身につけるしくみが必要だと感じていた。


数日後、工場見学の振り返りと今後の進め方を相談するために、森本は亜子と岩手の小料理屋で打ち合わせをしていた。

「篠田さん、この間考えさせてほしいといった件なんだけど、とても良い報告が出来そうなんだ。それはね、村井さんという縫製の認定資格者の方が、黒水工場で縫製技術を教えてくれることになりそうなんだ」

「え〜〜！まじですか!!それはすごい！さすが、森本さんだわ。これで、彼女たちの市場価値が圧倒的に上がりますね。それに、彼女たちはもともと技術屋さんだから、縫製が上手になるのが一番のモチベーションアップにつながるはず!!」

「僕もそうだと思うんだ。なんかとってもうれしいな。村井さんを2か月後に紹介するね。篠田さんととても気が合いそうだよ。一緒にここで食事をしよう」

「ええ、もちろん!私も楽しみです。ほんと、これでやっとカルテが作れる!その相談も村井さんとしたいなぁ」

「ぜひ、そうしてみてよ。そうそう、それから訓練ラインも思い切って作ろうかと思っている。あの工場は生産量が激減しているだろ?だから今眠っているミシンがたくさんあるんだよ。そのミシンを集めて、基本技術の訓練ラインをつくるんだ。工場を休ませる日は、国の補助金で訓練日に当てることにしたらどうだろう?」

「わお!ぜひそうしましょう。幹部の皆さんと育成計画を立てないといけませんね」

「あ、そういえば、工場見学で延期していた営業と幹部のミーティングは明日の午後だね」

「はい。営業の皆さんも久しぶりの工場やから、この間東京でお会いした時に、なんや緊張されていましたよ。くふふ」

「電話では、いつもかなりバチバチやり合っているからね。でも、対面で決着つけないと、いつまでもぐずぐずしていても仕方ないからな」

「明日は、営業と工場の現状の共有と、全体の工程の見える化を通じて、お互いの仕事を理解し、自分の視野を広げる機会になると良いかなと思っています」

「僕は、明日午前中、篠田さんと幹部とのミーティングした後に、すぐ東京に戻るのでよろしく頼むね」

「はーい。まかしといてください！」

ガス抜き後のフラット対戦で事実が見える

午前中、森本は幹部メンバーに工場見学の振り返りと、今後の訓練ラインの導入の話をした後、急ぎ新幹線で東京に戻っていった。幹部は、思いのほか、営業担当に対して感情的になっていた。自分たちは努力しているのに、営業が近ごろ、より差し込みをしてくるようになったそうだ。亜子はブランドメーカーの売上が伸び悩み、在庫を残さないために、生産計画を細かく変えてきている現状や、工場がそういった背景に対応できる生産方式を行っていないことも要因の一つであることはわかっていたが、午前中のうちに、ある程度、幹部メンバーの吐き出し（精神面を安定させるために、日頃の不満・不安・悩みを自由に吐露してもらうこと）を行っておいた。最初から直接的に感情を相手にぶつけてしまうと、話せるものも話せなくなってしまう。亜子が聞き手になり、幹部たちは口々に愚痴・不平・不満を吐き出した。

午後になり、本社の営業担当が3人、工場の会議室に入ってきた。3人とも少し緊張している様子だ。亜子は、笑顔で彼らを迎えながら、ホワイトボードを囲んで、車座になって話をし始めた。

「今日の目的は、全体の工程の見える化ですが、営業と工場の現状や、お互いの仕事の流れと、仕事上で困っていることや悩んでいることや自分の想いなどもぜひ共有してみてください。いろんな感情はあると思いますが、この場のルールだけは決めておきましょう。まず、大切にすることは、①相手の話をしっかり聴くということ。そして、②すぐに否定するのではなく、一旦は受け止めること。③なぜそう思うのか、そう思うようになったきっかけなど、深まる質問をしてくださいね。④正論で相手をやっつけない、ですよ」

まず5年目の営業マンの湯田が話し出した。

「なんだか、ちょっとドキドキしますね。営業部の湯田です。僕はこのメーカーを担当して3年になります。実は、世の中がエレガンス系にシフトしたこともあり、今までオーダーが多かったTシャツやポロシャツの売上がガタ落ちで、急激にオーダー数が減っています。メーカーもブランドイメージを変えようと頑張っていて、エレガント系のデザインの型番をかなり増やしているんです。その一部の型番を我々に依頼してきているんですが、今まで受けたことがないデザインで、受注していいものか迷っているんです。でも、それを断ると、受注できるデザインがなくなっちゃうんで、なんとかできそうなものを受注しているんですが、そんなに枚数があるわけでもなく、もらっても小ロットになってしまって。無理せず、得意な型番が欲しいから、それを待っているんですが、そもそも生産量が減っているんです。だから、結果的には数量も型数も安定した量が受注できていないんです。すみません」

縫製課長がそれに対して、質問した。

「エレガント系のデザインとは、例えば、どんなものですか？」

「フハク素材のブラウスや、工場が得意な綿などのしっかりした素材ではなく、レーヨンなど柔らかい素材のものです。時々カットソー生地でワンピースなど素材は変わらないものもあるんですが。あんまり枚数は出ないみたいで」

「…そうなんですか、我々の得意分野ではないですね。今まで受注したことがない素材やデザインだと確かに厳しいな」

田村課長が、

「いくつかトライアルさせてもらってサンプル受注をしてみたらどうだろう。それを相手に見てもらって、うちでもやれるなら受注数を増やすとか。今、サンプルチームはあまり忙しくないから、そこで小ロットならできるかもしれないし」

10年目のベテランである、毛利営業担当が相槌を打った。

「それは良いかもしれないなあ。工場が縫製できるアイテムが増えて、俺たちも何がどのくらいできるかがわかると、営業もしやすいし新しい受注もしやすくなる。実は俺の担当しているメーカーは、綿素材を主体としたカジュアル系はある程度残すものの、この工場では工賃が見合わないと言って、海外工場を模索し始めているんだよ。今は俺との関係性があるので、何とか工賃を維持してもらいながら、ある程度の数量を受注しているけど、今後は厳しくなると思う。小ロットでも対応できる、いろんな素材も縫製できる、納期が安定している、と俺が言えると、ブランドの微妙なニュアンスを表現できているうちの工場からは離れないと思うんだ」

田村はその話に大きく頷いていた。

伊藤工場長は、話し合いを聴きながら、ぽつりと話し出した。

「営業が受注枚数を増やすために頑張ってくれているのはありがたい。ただ、夏前の繁忙期が毎年あまりにも忙しくで、対応できない状態なんだ」

その話を聴いていた田村が意外な発言をした。

「伊藤工場長、それは、確かにその通りですが、その時期は、定番アイテムなので受注数が必然的に増えるものだし、生産力を上げるか、何か工夫をしないと仕方ないのではないでしょうか。閑散期に関しては、工場自体が多品目を扱えるようになれば、ある程度落ち込みは軽減されるのでしょうし」

毛利営業担当は、

「確かに多品目を扱えると多少は受注アイテムが増えるのは確かだが、既存のメーカーはエレガンスにシフトをし始めているので、カジュアルラインで冬場扱えるものは何かを考え、受注できるメーカーを模索するというのはあるね。でもね、俺たちも3名で対応しているので、はっきり言って、新規メーカーの開拓まで手が回らない。この体制ではかなり厳しいのが本音だよ」

亜子が考えながら、話に介入した。

「そうですね。新規顧客開発は必要ではありますが、今の優先順位からすると、既存メーカーの周辺商品を増やすことの方が、現実的かもしれませんね。営業の方々からの話で、メーカーの方向性や世の中の動きは見えてきましたが、少し具体的な課題や仕事の工程の見える化をしてみましょうか」

亜子は、今までの話し合いの要点を整理し、工場のめざす方向性、現状、阻害要因、課題をホワイトボードに書き出していった。ある程度話が出尽くしたところで、次に亜子は皆に工程の見える化をしようと投げかけた。

「お互いの現状や、問題意識から課題の共有など、認識合わせができてきましたから、一度、全体のフローについて、繁忙期の混乱を繰り返さないためにも、共有してみませんか？」

皆、うなずき、その後、営業の工程として、ブランドメーカーの展示会から始まり、受注するまでの流れ、工場の工程として、受注したアイテムの材料購入から裁断、縫製、仕上げ、発送の流れを、それぞれホワイトボードにフローで書き出し、どこで、いつ、誰が、何をしているのかを確認していった。

営業の工程が見えるにつれ、工場の幹部は口々に、「営業はそんなことまでやっていたんですね」「世の中の流れやブランドメーカーの動きは今そんな状態なんだ」「それだと、受注数が減るのも仕方ないな」などとお互いの仕事を理解しながら、課題を共有し始めた。工場については、仕入時の材料のムダや、前回の工場見学で課題が見えてきた裁断の技術などの話も出てきた。

そんな中、また伊藤工場長は苦しそうに呟いた。

「そんでも、わしら工場の存続が厳しいのは事実だ。工賃を何とかしないと、今の工場社員を雇い続けられないべ。我々も、これから改革を進めていぐがら、営業の人にも協力をお願いしたいんだ」

「俺たちにできることはやりますが、今の流れだと既存メーカーだけの受注では必ず縮小傾向になることは間違いないので、多品目が作れるように急いでください」

最後に、いつも冷静な田村課長が低い声でこう伝えた。

「私たちは、決してこのままでは終わらせません。既存メーカーの受注範囲を広げてもらえるよう、頑張って技術を磨きます。しかし、既存メーカーだけでは縮小するのがわかっているのであれば、新規開拓なども考えてほしい。よろしくお願いいたします」

亜子は、田村課長がここまで強く営業に対して意見を言うとは思っていなかった。

あとで、田村に声をかけると、

「実は少し腹が立っていたんです。私たちが今まで改革できていないことは確かに問題かもしれない。でも、営業がやるべきことはもっとあるはずです。私は彼らを見ながら、自分たちが自分たちで生きていかないとだめなんだ、自立する時期が来たのだと確信しました。これは、自分たちが自立するための改革でもあるんだと思ったんです」

「田村さんはたくましいねー。見た目は冷静なのに、心の中にいつも熱い想いがあるもん。改革に絶対必要なエネルギーなんよ、それ。田村さんは今後全体を見て動けるリーダーになるわ」

「え？私がリーダー？とんでもない！私には無理ですよ」

「いやいや、大丈夫。もうすでにリーダーとしての発言をしてるしてる。後、お願いがあるんです。工場の改革を推し進める中で、社長に対して、現場で起こっている事実や実態を伝えてあげてくださいな。また逆に、社長が考えていることを工場の皆さんにわかりやすく伝えてあげたりしてね。そして、何よりも、社長がもし間違った判断をしそうになった時には止めてあげて」

「私にできるかどうかはわかりませんが、社長の考えや方向性には共感していますし、私たちを救ってくれるものだと信じています。でも、改革の行動を起こすのは私たちだし、結局、社長は親会社に戻れるでしょう？私たちには戻る場所がない。この工場だけなんですから」

「森本社長は確かに親会社に戻る人かもしれへんけど、工場の社員が誇りを持って仕事をし続けるために、本気で構造改革を推し進める気持ちを持っていますよ。たとえ戻る場所がある人でも、今はここにいるんやから、田村さんがリードして改革を推し進めて

ください ね」

「私にできるのかな」

「できるできる!。私が保証する(笑)」

「なんだか、篠田さんに言われると、できるのかなって思っちゃいます。やれるだけやってみます」

亜子は、今回のミーティングの内容を森本に報告し、営業と工場の工程の流れが共有できたので、後は、新しい生産方式の導入を急ぐことに集中することにした。

基礎技術力を磨き市場価値を上げる

9月になり、亜子は森本が探し当ててくれた縫製指導員の村井と会うことになった。工場の生産方法の改革はすでに始まっており、得意な型番で小ロット受注が入った場合、1ラインを一枚流しの生産方式に変更し、検証が行われていた。しかし、思ったように品質が維持できず苦戦をしていた。各自の技術のバラツキがあるため、工程を分けた後の配置に偏りが出てしまう。また、前後の工程も合わせて、3工程の縫製技術を持っている人は、さらに限られてしまう。結果的には、限定したメンバーしか入れないことになり、新しい生産ラインに対する不満が高まっていた。

「どういう基準であの人が選ばれたのか?」「私はなぜ入れないのか?」など、選定基準が明確ではないため、工程を決めるメンバーに対して不信感や不安感が生まれていたのだ。本音は、新しいことに挑戦させてほしいわけでもないのだが、新生産方式が導入されたら自分はここに居られないのではないかという不安が、社員の間に不満という感情で現れていた。


村井は60代後半、笑顔が素敵で、若々しくモダンでおしゃれな女性だった。

「篠田さん、お会いしたかったのよ。森本社長からうわさは聞いているわ。ずっとコンビで改革をしてこられたんですってね。私もぜひ一緒に工場の改革に協力させてもらえたらうれしいわ。私はね、岩手が大好きなのよ。だから、ここで働く人たちを助けたいの。この工場は絶対無くしたくないと思っているのよ。これは私の使命として感じているの」

「使命かぁ、素敵やなぁ。絶対、この工場を再生させましょうね。頼もしい味方が増えてうれしいです。早速ですが、訓練ラインの設計や訓練計画について、ご相談させてください」

「森本さんから話は聞いていたけど、頼もしいわね。じゃあ、ミーティングを始めましょう」

亜子は、今までの工場や営業の実態を説明した後、どのくらいの期間で基本技術の全工程ができるようになるのか、個々のスキルを認定するのに、どのくらい時間がかかるのかなどを村井と相談し、技術力の向上にかかる時間と並行して、現場ラインを徐々に小ロットラインに移行する計画を考えた。

森本は、基本的にはラインの移行計画は、現場の状況に合わせて進めてもらえば良いという考えではあったが、実際はなかなか移行できていないこともあり、かなり焦りも出ていた。

森本も亜子も、村井が来てくれることを待ちわびていたのだ。

村井が来てくれたおかげで、技術向上訓練をスタートさせることができた。訓練ラインは、工場にかなりのデッドスペースがあったので、レイアウトをあまり変えず、サンプルチームの隣に設置することができた。村井は早速、各社員の技術を棚卸するために、技術認定試験を実施する準備に取りかかってくれた。試験の課題アイテムは、この工場が最も得意としているTシャツとポロシャツの2種類。村井と亜子は、田村や伊藤工場長と相談しながら、サンプルチームとラインリーダーを巻き込み、カルテを作成することにした。

そこで度々名前が出てきたのが、サンプルチームにいる中西という女性社員だった。

亜子は、何げなく田村に中西について尋ねてみると、

「実は、ラインリーダーたちは今まで分業で仕事を回していたので、得意な技術が偏っているのです。中西さんは何でもそつなく縫製ができるため、サンプルメンバーは彼女に良く相談しているのです」

田村は、さらに中西の性格面についても話してくれた。

「彼女はあまり目立たないのですが、誰かが困っていると自分から声をかけたり、そっと助けてくれたりする女性です。全ての工程を、ある程度の品質で縫製できるのは彼女だけなんです」

亜子は、「よし、見つけた！探せば必ず人材はいるものだ。今回の生産方法のリーダーにばっちり向いている。こりゃ、まだまだ可能性や能力がある人材はいるに違いない！」と心の中でほくそ笑んでいた。

そして、いよいよ認定試験当日がやってきた。村井は、皆の緊張をほぐすために声をかけた。

「今日は認定試験ですが、皆さん、普段通りにミシンを動かしてくださいね。これから技術力を向上すればよいのだから、できなくても恥ずかしくはないですよ。わからない場合は、わからないと言ってくれてよいので、リラックスして始めましょう」

「はい！」

認定者はラインから抜きながら実施をしたため、78名の認定試験に1か月ほどかかった。

後日、亜子と幹部がミーティングしている会議室に、村井は少し深刻な面持ちで入ってくると、結果を報告した。

「まずは、皆さんの技術の現状把握が終わったわ。結果は、こちらのカルテをご覧になるとわかるけど、技術力はバラツキがあり、できる工程が人によって偏っている。同じ工程でも、やり方が違って、ひとり一人の癖が目立つ。これでは、最終的に商品の顔がかなり違ってくるはずよ。後、全工程が縫製できる社員はほとんどいないわね。その中で、中西さんはある程度できる方だけど、まだまだ品質レベルにはムラがあり、全工程できるとは言えない状態よ」

「村井さん、1か月、お疲れさまでした。ありがとうございました。そうかぁー、かなり厳しい現状なんやなぁ。でも、しっかり見ていただいたから、後は訓練してスキルを上げるだけ！計画をしっかり立ててやるだけよね」

「そうね。部分的には技術力が高いメンバーはいるから、お互い得意な工程を教え合うことはできるんじゃないかしら」

「それ、とてもいいアイデアじゃないですか！お互いの得意技がカルテで分かるし、それを教え合うのはチーム力向上に役立つし。さすが、村井さん、相乗効果で技術力が向上するスピードも速くなりそう」


その晩、森本は岩手に入り、認定結果を踏まえて作戦を練るために、村井と亜子といつもの小料理屋で食事をしていた。

森本が、日本酒を口にしながら呟いた。

「思った以上に技術力がバラバラかぁ。小ロット生産方式は、少なくとも前後工程の技術力がないと移行できないからな。でも、技術力の向上を待っていたら、移行が遅れてしまうし。どうしたものか〜」

村井は、森本の落ち込みを横目で見ながら、あっさりした口調で吐き捨てるように話した。

「仕方がないわよ。今まで同じメーカーとだけ仕事をしてきたんだもの。メーカーの風合いとかこだわりはちゃんと表現できていたんだから、良しとしないと。それに、技術力が安定してるなら私は来なくていいじゃない。何言ってるのよ」

森本は、ガクッとうなだれながら、「そうっすよね」としょぼくれていた。

亜子は笑いながら二人を見ていたが、

「私は、技術や課題が見えたし、後はやるだけやから、すっごいヤル気満々よ。今は閑散期だし、とにかくどんどん実践トレーニングや。1ライン増やして、2ライン一枚流しの生産方法にしませんか？」

「おー、2ラインか！そうだな。やるしかないよな」

「村井さん、2ラインに固定アサインではなく、全員が入れ替わり立ち替わり、入れるようにできませんか？」

「そうねー。まだ、技術力がバラバラだから、あまり入れ替えると仕上がりが変わっちゃう恐れもあるから注意だけど、慣れてもらうためには、できるだけ入ってもらった方がいいわね」

「後、今回の結果で、すでに教えられるレベルの社員の名前と技術を、皆さんに見えるようにはできますか？村井さんがいないときでも、仲間同士で訓練できるのではないかなと思って」

「それはいい考えだわ。これから私が工場に行けるのは月に4日だから、それまでに訓練ラインが止まっているのはとってももったいないものね」

「よし、わかった。では明日、幹部とのミーティングで、人に教えられるレベルの工程と人の名前を一覧表にして、その後、張り出そう」

森本はさっきの落ち込みはどこに行ったのか、がぜん元気になってきた。

「そうだ、森本さん、名前を張り出す際に、目的を皆さんに説明しておいてね。目的と意味をしっかり本人に伝えないと〝なんであの人が〟とか〝あれ、私が？〟とかになってしまうのは、もったいないしね。今の職場の風土だと、まだ、そういった反応はありそうやし」

「そうだな。僕はいつもスピード勝負でやっちゃうから、気をつけないとな。明日、全社員に対する夕礼があるから、みんなにはそこで伝えることにして、午前中は教える担当になるメンバーに先に話をしてみることにする」

「ありがとうございます。あ、それから森本さん、そろそろラインのリーダーの役割と再配置を考える時期やと思います。特に旧型生産方式のラインでは、何かあると大声で怒鳴る風潮がまだあるみたいやから、リーダーシップやマネジメントについては、伊藤工場長と幹部含めて各リーダーたちとしっかり考える場が必要やと思いますよ」

「ああ、そうだな。しかし、伊藤工場長が旧式だからね。篠田さんのメンタルトレーニングを受けてから、だいぶ行動が変わってきたとは聴いているが、今まで怒鳴られていた部下にとっては、かなりトラウマに近いだろうし、そんな当人から言われてもね、納得いかないいんじゃないかって思うんだよ」

「確かにそうやけど、だからこそ、伊藤工場長が自分の体験談を通じて、話をしてもらうといいかも。その場に私が入りますよ。伊藤工場長をサポートしながら、リーダーの方々に役割の変化を伝えたいと思います」

「そうか、それなら安心だ。ほんと助かるよ」

「その場に村井さんにも入ってもらっていいですか？なぜ、今までのリーダーシップから変わらないといけないのか、人間が萎縮する心理など、村井さんは技術者やから、村井さんから説明されると、みんな、納得度が上がると思いますよ」

「それなら任しておいて！喜んで入らせてもらうわ」

　その晩は、村井の昔話や、森本と亜子が親会社時代に行った改革の泣き笑い話など、皆でおなかを抱えて笑いながら時を過ごし、3人とも少しふらつきながらホテルへと戻っていった。

体を使って心の迷いを払拭する

翌日、幹部ミーティングで、各自の得意技・工程レベル一覧表を作成し、その後に、伊藤工場長と、リーダーについて考える場の相談を行った。伊藤工場長は少し不安そうではあったが、2週間後、ラインリーダーを集めたミーティングが開かれることになった。

ミーティングが始まる前、伊藤工場長は少し不安そうな様子で亜子に話しかけた。

「わしは、いまだに納期が間に合わないときに工場で怒鳴ってしまうんだ。きっと、何も変わっていないと思われているに違いない。こんなわしがリーダーに話すのも…」

「伊藤さん、人はそんなにすぐには変わりませんよー。しかも、伊藤さん60歳超えだもん。でもね、伊藤さんは本当に工場のことを想って、一生懸命やってきたことは事実なんだから、そこは自信を持ってくださいよ。そして、今自分は、変わろうとしていているんだ…ということを伝えたらいいんですよ。そうね、例えば、〝自分がもし怒鳴ったり怖い顔したりしているときは、それダメでーす！って教えてほしい〟とか言ったらいいんじゃない？（笑）」

すかさず村井が横から声をかけた。

「そうですよ。私だって、昔はみんながトロトロしているのにイライラしちゃって、縫製グループの部下に当たったことなんてたくさんあるんだから。でもね、仕事って、イライラすると余計上手くいかないものなんだなぁってわかったから、イライラした時は、手を止めて、背伸びやストレッチをすることにしているんです。実は今でも時々あるんだから（笑）」

「えー、それ本当？村井さんが？びっくり！」

「そうよ、私だって人間ですもの。感情が押さえられないときもある、ある」

「なんか、ほっとするわー」

「篠田さんこそ、いつもニコニコしているけど、イライラすることないの？」

「私ですか？そりゃありますよー。私感情の起伏めちゃ激しいんですよ。こう見えて。でもね、私ある出来事から変わったんです。実はね、以前仕事で悔しくて悲しくて、どうしようもなかったことがあったんです。その時に、先輩2人が飲みに連れて行ってくれて、それでも私の気持ちは晴れなくて。先輩が帰り際に、〝ちょっと待っていてね〟って、コンビニに入っていって、私があまりにも落ち込んでいるから、アイスクリームでも買ってくれるのかなと思ったら、なんと、卵と油性マジックを買ってきて、〝近くの川に行こう〟って」

「むむむ？」

「そして、〝卵に、腹が立つ人の名前を書きなさい！〟って。〝その卵を壁にぶつけて、思いっきりバカヤローとか言っていいのよ〟って」

「ひやー、すごい先輩だね」

「12個入りの卵を買ってくれたんですけど、さすがに8個くらい投げたら疲れちゃって、笑いが止まらなくなった」

「今も、卵投げ、やっているの？」

「まさか、その時限り、1回だけ。その時の私は、納得いかない気持ちを横に置いて、自分を責めてたんだと思う。でも、心の中では、なんでだよーって。心の声を思いっきり出して発散したのは良かった。今は、イライラしたりモヤモヤしたりすると、ピアノを弾いたり、歌を習いに行っているから、そこでめちゃくちゃ発散していますよ。小出しにしているからたまらない……（笑）」

「心と体はつながっているものねー」

「自分の感情をそのまま相手にぶつけたら、人間関係がおかしくなるし、ぶつけることが目的ではないからね。何に腹が立っているのか、何に反応しているかがわかるととても楽になる。発散した後、気持ちが落ち着いたら、なんで悲しくなったのかが見えてきたんですよ。そうしたら、私は何をしたらよいのかが見えてきた。人間ってすごいよ」

「わしは、みんなにイライラをぶつけて発散しているから、ダメなのか」

「伊藤さんは、みんなに頑張ってほしいから怒鳴っているんでしょ？だとしたら、出す言葉を変えたらいいですよ。例えば、何をやっているんだ！納期に間に合わないぞ！早くしろ！を、言い換えてみるというのはどうかなぁ。相手がやる気になる言葉に。例えば、大丈夫だぞ！落ち着いてやろう！あと少しだ！みんならやれる！とかね」

「後、工場長は表情だわ。笑うとかわいいんだけど、普段はとても怖い顔だもの」

亜子は、村井の直球勝負が面白くて笑いが込み上げてきた。

「怖い顔…それは嫁や孫にも言われとるが、どうしようもないよな、この顔は」

「気がついたら笑顔！それで十分ですよ。だんだんそれが自然になってきますから」

3人で笑いながら話をしているうちに、ラインリーダーたちが入ってきた。いつも難しい顔をしている工場長が思い切り笑っているのを見て、彼女たちはお互い顔を見合わせて驚いていた。

場は何となく既に緩んではいたが、まずは亜子がこのミーティングの目的を伝えることからゆるりと始めた。

「今日、リーダーの皆さんに集まっていただいたのは、これからの工場改革を進めていくうえで、どんなリーダーシップが必要なのかを話し合いたいと思ったからです。今まで頑張ってラインを支えてくださった皆さんに感謝しつつ、いつも怖い顔をしている工場長にもいろんな想いがあるようなので、それも皆さんにお伝えしたいと思っています。村井さんも若い時には、アトリエの縫製リーダーをされていて、リーダーの難しさを体験されていますので、皆さんの悩みも共有しながら、これからの工場改革がうまく進められるよう、みんなで一緒に考えてみましょう」

ラインリーダーたちが、それぞれの率直な想いを話し始めた。

「今日の場はそういう目的だったんですね。私は、普段からリーダーには向いていないと思っていたし、この頃、ラインの不良品がちょこちょこ出ているから、きっと叱られるんだろうなと思って、ここに来たんです」

「そういえば、この頃気になっていることなんですが、新しい生産方式に移行したことで、不満がたくさん出ています。隣の工程の人とタイミングが合わなくて、待たされたり、急かされたりで、なかなか工程が進まないし、生産スピードが落ちているから、この生産方式で本当にいいのか?元のやり方の方が早く製品ができるから戻したいって、さっきも何人かに言われました」

「今までは、自分の工程を自分のペースで進めたら良い、そういう仕事の仕方だったからね。工程スピードやリズムを標準に合わせながらやるのはまだ慣れないですよね」

亜子が時折介入しながらやり取りはつづいた。

「リーダーの皆さんはその不満に対して、どう答えたんですか？」

「私自身も、元に戻した方がいいんじゃないかって思ったので、そうかもなーと思いながら、何も答えずここに来ました」

「そうなんやね。リーダーの皆さん自身も迷ってるんやね」

「そりゃ、迷いますよ。まだ始めて間もないから慣れないし、前のやり方のほうが、速いような気がしますから」

それを聴いていた村井がアイデアを出した。

「じゃあ、一度、同じ枚数と型を、2つのラインで比べて競争してみたらどう？比較してみれば、明らかに品質が安定して、生産効率も上がることがわかるはずよ」

亜子は、村井のアイデアにすぐさまのっかり、

「面白いね。それ、やってみない？今日はとにかく、今起こっていることや、皆さんの悩みを共有して、生産方式の比較が終わった後に、また話し合いましょう。当日は、2つの生産方式の違いやリーダーの役割や具体的にどうしたら良いのかなど考えてみてお

いてね」

田村もそれに追随して賛同してくれた。

「早速、明日やってみますか？今朝予定を見たら、明日は同じ型で100枚の生産枚数が入っていたから、50枚ずつ2ラインで分けてやれると思います」

各リーダーは、元のやり方に戻せるなら戻したいという想いもあり、やる気になったようだ。

「では、終わった後に、リーダーの振り返りミーティングをしましょう」

亜子は、まだまだ工場全体が新しい生産方式に疑心暗鬼になっていることがわかった時点で、リーダーの議論はまだ早いと感じた。そもそもリーダーがこの生産方式に納得をしていない中、改革を推し進めるのには無理があると判断したのだ。

今日のところはまず、リーダーの悩みや現状を共有し、実際、2ライン比較を行った後に、再度ミーティングを行うことに切り替えた。

新旧生産方式対決で決着をつける

ミーティングが終わった後、皆で工場のラインに向かい、明日は2ラインで生産方式の比較をしてみることを伝えたところ、何人かの社員は、表情がぱっと明るくなり、「私、それに参加したい！」と元気の良い声を上げた。

そして翌日。旧生産ラインの方は、リーダーが各工程の分担を決めて、それぞれの配置につき、各自で準備をして、担当工程の縫製を行うことになった。新生産ラインは、リーダーがメンバーと一緒に工程を共有し、順番にミシンを配置した後に、その工程の前後の技術に合わせた人員配置を、それぞれ本人と確認しながら行っていった。

こうして、2ラインで同じ商品を異なる生産方式で縫製する生産競争が始まった。旧生産ラインは最初の工程を1人の社員が50枚縫製し、新生産ラインは、1工程、一枚ずつ縫製し、次の工程へと流していく。旧ラインは、あっという間に1工程の半分の枚数が縫製完了。ある程度の枚数が仕上がると、次の工程の社員がそれを引き取り、自分のミシンで次の工程を縫い始める。ミシンの音が勢いよく鳴り響き、周りで見ていた社員も興奮気味に応援している。それはまるで運動会のような状態だった。

ミシンや人の動きを見る感じでは、旧生産ラインが優勢に見えた。

新生産ラインは、最初は順調に工程を流していたが、5枚目のポロシャツが仕上がり、6枚目のボタンホールで縫製不良が見つかった。見つけた担当者はリーダーを呼び、リーダーは一旦ラインを止めた。その場でメンバーを集め、修正内容の確認を行った。

「よく見つけたね。確かに、ボタンホールがずれているので、これはやり直しましょう」次は気をつけようねと、仲間同士で声をかけ合い配置に戻り、元のようにリズミカルにミシンを走らせ始めた。縫製不良のポロシャツはラインから外し、別の担当が引き取り修正後、流れにのせて、仕上げることができた。

それを横目で見ていた旧ラインのラインリーダーは、「やっぱり、こっちの生産方法の方が早いよ！」「さあ、急いで！どんどん工程を進めよう！」と仲間に声をかけた。

旧生産ラインは、順調にすべての縫製が終わり、品質確認と仕上げを行っていた。その時、仕上げ担当がリーダーに声をかけ、「襟首のテープの縫製方法が2種類ありますが、どちらが正解なのですか」と確認してきた。どうやら、襟首のテープは時間がかかるため、自分の工程が終わったメンバーが応援に入り、仕様書をしっかり確認せずに、いつものやり方だと思い込んで、間違った縫製を行ってしまったようだ。50枚のポロシャツは、すでに仕上がっており、そのうち15枚の縫製は、一からやり直さないといけないことになった。リーダーは焦り、「なぜ確認しなかったの？もう！せっかくうまくいってたのに、台無しだわ！」と担当と応援に入った社員を責めてしまった。二人ともガクッと肩を落とし落ち込んでいる。それから気まずい雰囲気になりながらもなんとか修正作業に入り始めた。

旧生産ラインは、かなりの時間的ロスが出てしまい、結果的に、新生産ラインがスピードも品質も勝っていることが証明された。

新生産方式は、一枚一枚の工程ごとに、品質を確認することができるため、不良品が出たとしても、やり直しが早く、納期を圧迫しない。小ロットで多品目の商品を取り扱うのであれば、明らかに、新生産方法の方が生産効率も品質も高くなる。

社員が自分たちで、2つの生産方式を比べて、実感できたことは大きかった。その後、現場から旧生産方式に戻そうという声は聞こえなくなったのだ。

振り返りを行ったミーティングで、旧生産方式のラインリーダーはこう話していた。

「旧生産方式だと、分業で個人作業になり周りもミスに気づかない。また、各担当の縫製内容をリーダーがすべて把握するのは難しい。今回、新生産ラインのやり方を見て、明らかに効率的だし、何よりも品質を維持できることが分かりました。リーダーもしっかり縫製の流れを追うことができるので、全体の生産スピードも予測できるし、サポートしやすいのは確かですね」

「リーダーの役割がこれまでとは明らかに異なることが、これで歴然としましたね」

「はい。身をもって感じました。リーダーとして自分は何をすればよいのかが、具体的に分かったので安心しました」

伊藤工場長は、その振り返りをずっと黙って聴いていたが、最後にぼそっとささやいた。

「わしは、今まで怒鳴ってばっかりで、皆に悪いことをしだな。これからはみんなが仕事をやりやすくするために、環境づくりや管理体制を整理することに注力するべ」

伊藤工場長が謝るなんて…。ラインリーダーたちは一様に驚きを隠せなかったようだったが、笑顔で頷いてくれていた。

そしてすぐに、亜子が何も言わなくても、もっとうまくいく改善案やアイデアについて話し合い出していた。

「ヨッシャ！」

亜子は村井と微笑み合いながら、こっそりとガッツポーズを作った。

判断基準と優先順位を明確にした繁忙期連携作戦

めざす方向性や目的と目標を共有しても、日々の仕事に忙殺されると、今までのやり方や考え方に人は戻ってしまうものだ。

「皆、旧生産方式に戻したいとは言わなくなったが、繁忙期に対しては、なんの改善案も出ていない。また必ず同じ混乱が起こるに違いない」

田村課長は、近頃、繁忙期の体制について心配していた。

「篠田さん、毎年なんですが、繁忙期は工場がパンクします。外注も考えておかないといけないんですが、この間の営業の話を聴いた限りでは、受注が小刻みに入ってくる可能性が高いので、今回の繁忙期はどうなるのか予想がつきません」

「そうだなー。あっという間に繁忙期になっちゃうから、昨年度の振り返りを含め、今年の傾向なども把握する上で営業と話をしておきましょうか。その場には森本社長にも入ってもらった方がいいですねー」

「社長が現場の会議に直接入るんですか？」

「そうそう。年間売り上げの4割を占める時期だし、経営としても、とても大事な情報だからね」

「社長が入ってみんな意見が言えるでしょうか？でも、そんなことではだめですよね。ちょっと緊張しますが、お願いします」

亜子は森本と事前に繁忙期について相談をしていた。

「伊藤工場長から、毎年の繁忙期の状況について、営業の受注数の見込みの把握不足や差し込み、外注の品質問題が大きいという報告を受けている。できるだけ内製化（自社工場での生産）を進めてはいたんだが、手が回らなくなると外注に出すので、納期遅れや不良品が発生してトラブっていたようだ。

営業にも確かに問題はあるが、工場の生産管理がもう少し強化されると、ここまでトラブルにはならないのではないかとは思うんだが、繁忙期になると、そのせわしなさに巻き込まれ、いや、伊藤工場長自らせわしなくしている可能性もあるが、毎年同じことが繰り返されているんだよ」

「なるほどー。旧生産方式だとなかなか外注に渡しにくいですもんね。今回の新生産方式であれば、工程にかかる時間も管理されているし、納期が以前より明確にわかる。今回は、工場のキャパシティもある程度見える化できるから、計画は立てやすいでしょうね」

「確かにそうだね。田村課長は生産管理で毎年かなり苦しんでいるが、今年は何とかなりそうかな」

「うーん、田村さん一人では無理でしょうね。〝判断基準〟と〝優先順位〟がはっきりしているとできると思いますよ。特に外注に対しては、パートナーとして最初から組むことを考えた方がいいんじゃないかな」

「判断基準と優先順位か、それは大事だよね」

「ここは森本さんの得意技だから、繁忙期対策会議ではっきり出してもらえると助かります」

「わかったよ。確かに得意だよね（笑）」

「そうですよ、一度飲みに行った時に、お店の予約が取れていなくて、みんな茫然としていたら、森本さんが、あっという間にテキパキ解決しちゃったのを覚えてます？」

「そんなことあったっけ？」

「ありましたよ、そん時、私は、この人すっごいシミュレーション力が高くて、判断基準がはっきりしてるなーって思った」

「へー、よく見てるなー」

「そらそうですよ。それが私の仕事ですから（笑）」


会議は、社長、3名の営業担当と工場長、田村課長と他2名の課長、サンプルチームの中西が参加して行われた。まずは、営業担当から、各メーカーの繁忙期の受注数の予測、展示会からの流れを見たスケジュール感などの情報共有を行った。

田村課長は、毎年繁忙期で起こっている悩みや具体的なトラブル事例や課題などを共有し、今年の対策を立てることにした。

湯田は、予想通り、今年はかなり小ロットで多品目が予想され、最初に売れる枚数によって数量や型があとからかなり変わってくる可能性の高いことを伝えた。また、毛利は、前回話が出た、素材は綿でも、エレガンス系の型番の発注をどこまで受けたらよいかを確認したいという要望を上げた。中西は、先日サンプルチームでトライアルしたアイテムに関しては大丈夫だと答え、それ以外のアイテムに関しては、今のうちにサンプルチームに同様の商品を送ってもらえれば、分解して縫製できるかどうかを判断するという話をしてくれた。

亜子は、ちゃんと3か月前の会議内容が活かされてるなぁと感心していた。

繁忙期の課題に話が移ると、田村課長が準備したペーパーを皆に配りながら話を始めた。

「繁忙期の問題やトラブルの原因は、受注量の多さと突然の差し込みでしたが、今年は同じアイテムの受注量が多くはなく、多品目で小ロットということですので、工場はより複雑になると思います。できるだけ、工場の受注量と納期の一覧の見える化を行い、工程がズレたときには、タイムリーに修正して共有したいと思っています。今回の生産方法であれば、1枚の仕上がる時間を把握できるので、納期の判断はしやすいと思います。ただ、新しいアイテムに関しては、時間が読めないこともあり、納期の確定ができない可能性もあります。新しいアイテムを入れる際には、できるだけ早めにサンプルチームに商品を送ってください」

田村は近ごろメキメキ成長している。リーダーとしての風格も出てきた。

森本も田村の存在を頼りにしているようで、工場に来た際には、必ず田村に時間をもらい、工場の近況や課題などを共有している。亜子も、田村をできるだけ前に出し、皆をまとめる役割になってもらうようにしていた。

伊藤工場長が外注の件について話し出した。

「あれから社長とも話をしたが、受注が溢れたら外注に回すやり方だと、外注の能力に合わせて振ることができず、なかなか納期が読めない。毎年、不良品も出ている」

すると、仕上げ担当の課長が、

「前から思っていたんですが、ラービスブランドのポロシャツは、特殊な風合いを出すために2回洗いが入るので、外注に出すと、納期が2日伸びてしまいます。ラービスのポロシャツは面倒でもうちの工場でやると決めたらどうでしょう?少なくとも2日は納期が短くなります」

伊藤工場長は、目をおっきくさせながら、課長の発言に驚きながら慌てて頷いた。

その話に合わせて森本が縫製課長に質問した。

「今、外注先は何件あるのかな?その外注先の技術スキルはある程度、把握できているのかな?」

「実は、外注先は家内工業でやっているところが多く、夫婦以外は、技能研修の外国人を雇っているところがほとんどです。経営者夫婦の技術スキルはそれぞれある程度把握できていますが、毎年外国人雇用は増えていて、彼らの技術レベルはバラバラで不安定です」

「そうか、わかった。では、今年は、基本的な縫製技術の型番のみ、外注に出すという判断基準を置いて生産管理をしよう」

田村がそれに対して答えた。

「わかりました。それでは、外部のアトリエでパターンから縫製、仕上げまでのすべての技術訓練を受けていた中西さんと相談しながら、外注に回せる技術はどの辺りまでなのかを、繁忙期までにはある程度決めて、見えるようにしておきます」

中西も少し照れながら頷いていた。

毛利がそれに合わせて、

「俺の場合は、メーカーと打ち合わせが早めにできるので、受注数と納期は立てやすいと思うよ。追加に関しても、そこまで納期が厳しくなるような複雑なアイテムは今年の展示会では出てなかった。まずは、俺がメーカーと話して、型数と枚数、納期を出すので一覧に埋めてみてよ」

田村は嬉しそうに微笑みながら、

「助かります。よろしくお願いします」

湯田はちょっと困った様子だった。

「僕が担当しているメーカーは型数がかなり多くなっているので、枚数が10枚くらいで20型とかになりそうです。しかも、ほとんどが五月雨式で生産計画が立てられるので、かなりご迷惑をかけてしまうことになると思います。すみません。なんか、僕、なかなかメーカーとの調整が難しくて」

前回は腹を立てていた田村が、優しい口調で答えた。

「大丈夫ですよ。枚数と型がわかれば、ある程度納期が読めるので。あ、でも、材料の手配さえ事前にできておけば、の話ですが。五月雨式で入ったとしても、かかる納期はお答えしますから、その納期に関しては守ってもらえるように、先方と調整してくださいね」

「わかりました！　納期がはっきりするなら踏ん張れます」

　森本は一連のやりとりを見ながら、亜子と目を合わせ微笑んでいた。

「工場も営業も共に課題は見えたし、今年の繁忙期は何とかみんなで乗り越えよう。まずは、繁忙期の工場の受注状態の見える化と生産計画をしっかり立てる。複雑なアイテムは自社工場で、簡単な縫製ほど外注に出す。これでいいかな？」

「はい。大丈夫です」

　会議は無事に終わり、夜に開かれた懇親会では、それぞれが笑顔でお互いをたたえあった。

　亜子は、めずらしく少しのお酒で酔いながらも、ここまではある程度改革は進んではいるものの、後は、技術力の向上がどこまで追いつくかが勝負だと考えていた。

技術力を身につけたい！職人魂に火がついた

　亜子の心配は杞憂だったようだ。翌日、技術訓練の現状について、個人カルテを見ながら打ち合わせをしている中で、村井が嬉しそうに話してくれた。

「やっぱり、みんな職人ね。縫製技術を学ぶのが楽しくてたまらないみたいだわ。技術力が上がることに対して、とてもモチベーションが上がっているのよ」

「ほんとですか？それは良かった」

「見て頂戴、このカルテ。この子は、最初、30工程中、10工程しかできなかったのよ。それが、この1か月で、25工程までできるようになったの。今日も、あと5工程で、すべてが一流になれるって、とても喜んでいたわ」

「素晴らしいですね。全工程ができる人は、2名も育ったんですか？」

「そうなのよ。中西さんが修業に行っている時は、彼女の代わりに自分たちが頑張らないと、と思ってくれたみたい。それでね、中西さんが帰ってきたとたん、彼女を囲んで質問攻めだったらしいのよ。私がいないときでも、代わりに教えてくれる役割を担ってくれる人たちがたくさんいて、お互い切磋琢磨しながら成長するから、スピードが上がったのね」

「全工程の縫製ができる人が、中西さんを入れて3名は大きいなぁ。もっとラインを増やしたいから、本当は、後2名は欲しいけど」

「あはは、篠田さんは目標が高い！でも大丈夫よ。少なくとも、今まで認定されていた工程の範囲から前後3工程は伸びているから。上手になりたいという想いが彼女たちを熱中させているのね。私、うれしくって涙が出ちゃったわよ」

「村井さんが情熱をもって教えてあげたからですよー‼ほんと、すごいすごい」

「ところで、昨日の繁忙期対策会議はどうだったの？」

「営業も工場もお互い協力し合いながら、判断基準や優先順位を共有して乗り越えるという方向になりましたよ」

「へー、課長たちが営業に対して思いっきり不満をぶちまけていた時が懐かしいわね。人って変わるのね。すごいわ、改革って」

「本当にそうですね。めざす方向性が定まって、それを共有し、切磋琢磨しながら近づいていく。改革って、仲間と一緒にワイワイ泣きながら、笑いながら、怒りながらできるから、実は今を生きてるっていう実感が味わえるんですよー」

「私もこの年齢でこんなに熱くなれるなんて、幸せな人生だわ」

「しかし！気を緩めてはだめですよ！後は、この工場がどこまで改善されて市場価値を上げられるか、ですからね」

「そうね。それは、森本さんの経営判断になるだろうから、私は介入できないけど。残してほしいわね、この工場と社員みんなを」

「残しましょう。絶対に」

価値を高める最後の打ち手〝改善〟

亜子は、実際のところ、工場の生産方式の改革や見える化、社員の技術力向上だけでは、工場存続は難しいと考えていた。工場の改革は今まだスタートしたばかりで、受注数が増えたわけでもなく、工賃が賄えているわけでもない。生産性は多少向上したものの、相変わらず工場が稼働すれば赤字が累積されていく現状は変わっていなかった。今のところの成果といえば、受注できるアイテム数が増え、小ロットでも、生産スピードが上がり、品質が保たれている点だ。

黒字にするために、手っ取り早いのは、得意アイテムでの新規顧客開拓だ。しかし、営業を拡大する予定はない。それであれば、目標を現在より高く置き、生産性をもっと上げるしくみをつくらなければならない。

近頃、森本もどこか元気がない。亜子は森本に思い切って聞いてみることにした。

「森本さん、正直、この工場をどうしたいと思っていますか？」

「あー、僕はね、もちろん、うちの会社の中で何とか残したいと思ってはいたけれど、かなり厳しいなぁ。赤字が止められていないからね」

「確かに、今の顧客だけだと限界がありますよね。受注数が減っているわけだから」

「親会社のアパレル部門が、外部に出しているエレガンス系を受けたらどうかと、サンプルチームで試してみたんだけど、かなり素材がデリケートで、親会社からも出来栄えが厳しいし、うちでは扱えないと言われちゃったんだよね。なかなか打ち手が見つからない。こうなると……」

「売却ですか？」

「もともとその話はあったんだけど、うちは工場の規模が大きい上に、受注アイテムが限定されていたから、相手が見つかっていなかったんだ」

「今も見つかってないんですか？」

「まだね、見つからない。ただ、あまり時間がかかると工場廃止ということになってしまう」

「そうかー。じゃあ、全員の雇用が守られて働き続けられる売却先を探すためにも、工場の改善を一気に進めるしかないな。市場価値が上がればきっと見つかるはずやし！」

「そうだな、そうしよう。といっても、どうするの？」

「さらなる生産性向上、いわゆる改善ですよ。生産方式は市場と合わせられたし、技術はどこに行っても恥ずかしくない認定を受けています。あとは、日々の工場の運営がどこまで改善や改革を推進していける体制なのか、彼女たちが主体的にそれを取り組んでやっている工場にできるのか、ということです」

「なるほど。確かにそうだけど……」

「皆さんに見学に行ってほしい工場があるんです。トヨタ式の改善を上手に導入して、納期を90日から3日に短縮したという実績があるところです。そこでは、皆がイキイキと日々の改善を行っているんです」

「90日から3日に？？？そりゃすごいな」

「はい。論より証拠です。繁忙期が終わったら、早速見に行きましょう」

改革を推し進めたその先に未来が見えた

繁忙期は営業の協力もあり、受注数が早めに把握できた。思った以上に型数は多く、五月雨式に追加発注もあったが、中西を筆頭にサンプルチームが中心となり、工程にかかる時間配分と仕上がり納期の予想を行った結果、驚くほどにブレがなかった。

何よりも、現場の技術力と品質が安定していることが生産効率を上げる要因として大きかった。ずっと継続している社員全員でのオフサイトミーティングでは、以前の愚痴や不平不満から、「苦手な工程をもっと訓練して上手になりたい」「あの流し方より効率よくできる方法はないんだろうか？」など、話される中身が明らかに変わってきていた。

また、田村と伊藤から全員に、繁忙期対策会議で話された内容や、外注に対する判断基準や優先順位などを説明し、安心して生産に集中してほしいと告げたこともあり、今までは不安だった繁忙期が、皆にとって、「やってやろう」という挑戦に変わってきていた。

外注への発注も今回は早めに依頼をしたこともあり、技術の確認や外国人雇用の確保もでき、依頼した納期通りに納めてもらうことができた。すべてがスムーズだったわけではないが、以前のようなピリピリした緊張感や罵声が飛び交う工場ではなく、型番が変わるとリーダーが声をかけ、それを受けた担当がリズミカルに一部のミシンを移動させ、縫製担当がミシンに配置されるなど、工程が止まることなくスムーズに動く工場へと変貌を遂げ始めていた。

亜子は、その様子を見ながら、「よくここまで変わることが出来た」と喜びつつ、「さらに、この移動時間を半分にできないかな」と頭を巡らせていた。

繁忙期が一段落した頃、田村が課長を集めて、改善を学ぶために静岡の工場見学に行くことを伝えた。

「今度は何を学ぶんですか？ なんか楽しみだな」

「今度は、もっと準備していきましょうよ。前回の工場見学は、後で、あそこの写真撮っておけばよかったとか、質問しとけばよかったとか、たくさん出てきていたから」

「そうだね。今回は改善を学ぶので、今の工場の現状と課題を洗い出してから見学した方がいいね」

「そうしよう」

工場の改革をここ1年半ほど進めてきたが、最初の石川県の工場や、村井の指導など外から刺激を受け、皆が学ぶことの楽しさを味わった。結果、自己成長につながったことで、さらなる学びを求めるようになってきたのだろう。

亜子は、課長たちに、見学する工場について説明を加えた。

「業界が異なる工場なので、扱っている商材は違いますが、在庫管理、工程の流し方や、工場の導線、不良品の見分け方やムダの排除については、とても参考になると思います。どうせなら、今の工場のムダの徹底排除によって、〝納期を半分にできないか〟とか〝工程を半分にできないか〟とか、そのくらいぶっ飛んだテーマも持っていると良いと思いますよ」

「えー、今の納期を半分に？そんなことできるのかな？」
「できる、できないではなく、やる必要があるか？という観点で考えてみてね」
「なるほど。そうかー」

工場見学は10月に行くことになった。先方の岩井社長に亜子から連絡をしたところ、「喜んでお受けします」という返答があった。

岩井は、現在の工場の前に、大手の子会社の工場のV字回復を行った人物だ。生産力を3倍にし、納期を3分の1にすることで、赤字だった工場を見事に黒字へと転換した。トヨタ式と人材開発を上手に取り入れ経営改革を実現した社長だ。

今は別の工場に引き抜かれて、社長に就任し、新しいリーダーを育てながら、改革の途上にある。亜子は、岩井社長に事前に電話で、黒水工場の現状と工場見学の目的について説明をしておいた。亜子は、つぶれかけた工場を再生させた実績がある岩井や、彼に育てられたリーダーから、全社員が働き続けられる、市場価値が高い工場とはどんな工場なのか、学んでほしいと思っていた。

見学は岩手からバスで行くことにした。さすがに今回は全員が見学するには予算が厳しいため、現場のリーダー、課長、サンプルチームで行くことにした。事前に各チームで話し合い、各ラインリーダーは参加できなかったメンバーの要望を持って参加している。

工場に到着すると、岩井社長と工場の現場リーダーが迎えてくれていた。

「ようこそ、我が工場へ。お疲れでしょう。静岡の美味しいお茶を用意しています。それを飲みながら、まずは、我々の工場の説明をさせていただこうと思っています」

田村は手土産を渡しながら、代表して挨拶した。

「ありがとうございます。大勢で押しかけてすみません。今日はどうぞよろしくお願いいたします」

現場リーダーは、品質・改善・生産管理の3名。年齢は30代と若い。工場の歴史や成り立ちから、現在扱っている商材、課題と改革の変遷など、それぞれ各担当が説明をしてくれた。

「では、今から実際に見学に行きましょう」

工場は決して新しい建物ではないが、手入れが行き届いている。床もしっかりと磨かれていて、ホコリ一つなさそうだ。天井からモノの配置がわかるように看板がつるされ、定置管理がきちんとなされていた。工場全体が見通せるレイアウトで、備品の整理もトヨタ式の整理整頓が徹底されていた。人間の導線や工程には徹底したムダの排除がなされており、シームレスな一個流しが行われていた。

それを見ていた田村が亜子に思わずささやいた。

「うーん、うちの工場はまだ全く改善できていないことがわかりました。これはミシンや在庫などの置き方から全部見直さないといけない」

中西も横で聴いて頷きながら、

「ミシンとミシンの距離も影響しているかもしれませんね。うちは座りながらの作業だから、必要な備品に手が届かず、いちいち座り直しています。これも結構なロスになっていますね」

縫製課長は茫然としながら、

「ちょっとショックすぎて、何からやればよいのか、混乱しています」

「それも、後で質問してみたらいいよ」

亜子は、笑顔で課長の肩をたたきながら、次の工程を見にいくように促した。

工場見学が終わった後、岩井社長は、質問の時間を2時間ほど取ってくれていた。

「我々の工場は全く整理整頓ができておらず、何から手を付けたらよいのか……」

田村課長の問いに、30代の品質担当リーダーが答えた。

「僕たちの工場も最初はひどかったんです。岩井社長が就任されてすぐに、工場の中の整理整頓から始めようと、自ら油まみれになって毎日整理整頓をされていたんです。こんな社長は初めてだったから、僕たちも驚いてしまって、実は正直困っていました（笑）」

岩井が横から笑いながら、

「そうなの？困っていたの？でも、一緒にやってくれたじゃない」

「そら、そうですよ。社長一人で整理整頓させるわけにいかないですもん。それに、事務所にある不用品かどうかわからないものを、みんなが見えるところにドカーンと集めて、1週間後に引き取り手がなければ捨てます、と書いてあるから、みんな真剣に断捨離しましたよ」

「人間は、期限決めないと、ずるずるしちゃうからねー」

「でも、最終的には、使えるものと使えないものに分けて、再利用できるものは2階にあるフロアに残したんです。これは改善を進めていく時に、使えるものがたくさんあったから助かりました。特に使わなくなった棚とか椅子の足のキャスターとかが、意外と使えるんですよ」

岩井は続けて、

「その後に定置管理だね。うちは、ガムテープとかハサミとかが、工場の人数の2倍はあったからね。備品に関しては、思った以上に無駄が多かったよ」

「2倍ですか？でも、私たちもハサミとか、何個あるのか知らないわね」

「定置管理をしたら、一発でわかりますよ。意外と備品にお金がかかってますからね」

その後、質問はひっきりなしに続いた。その中で、本丸である改善担当リーダーが改善をどう始め、今もどのように続けているのかを話してくれた。

「毎日現場をプラプラ歩くのが仕事です。そして、ムダがないかを探します。僕のミッションはこの工場の目標に向かって、ムダを徹底排除し改善するコトです。毎日見つけるのは大変ですが、日々改善を行い続けることで、目標に少しずつ近づいている実感が湧いてきます。モノの配置もそうですが、特に人の動きをよく見るようにしています。それはムダな動きなのか、必要な働きなのかを見分けるということなんですが、現場にとっては手直しや不良品を作ることが一番のムダになると思うんで、そうならないしくみをいつも考えているんです」

亜子が、改善担当リーダーに質問を投げかけた。

「それは、正常な流れを作るしくみということですか？」

「はい、異常がわかるようにするのも、僕の仕事です。在庫の流れも同じです」

田村が驚いた表情で、

「うちは、在庫管理はメーカー任せで、自分たちで管理ができないんです。ＯＥＭなので、いつ頼まれても良いように、多めに購入するのですが、在庫が山のようにたまりがちで、結果的にトレンドもあるから使われないことも多いんです」

「なるほど。そこは業界が異なるので何とも言えませんが、在庫を多めに確保する考え方から、必要なものを必要なタイミングでつくる流れに変えられると良いですね。もう少しメーカーや営業と情報を共有して、対策を練る必要性はありそうですね」

「そう言えば、今年の繁忙期は、営業と事前に打ち合せておいたので、予測がしっかり立てられたし、無駄な資材のオーダーをしなくて済んだから、在庫管理がしやすかったですね」

「それは大切なことですね。我々のところはまだまだ営業とは壁があって、よく衝突していますよ。ゆくゆくは工場が自立してダイレクト販売ができないかも模索中なんです」

その後も、質問のやり取りは長く続いた。時計を見ると、もう4時になっていたので、亜子は、まとめに入った。

「そろそろ、お時間も無くなってきたので、最後に岩井社長から何かメッセージがあれば」

「我々の工場もまだまだ改革の途上です。日々改善し続けて、世界一の工場にしてみせるぞとみんなで話しています。黒水工場の方々も、今は厳しい現実かもしれません。しかし、決してあきらめず、目標に向かって工場を改善し続けてください。必ず市場が価値を認めてくれるはずです。一緒に頑張りましょう」

帰りのバスの中、メンバーはしばらく黙っていたが、一人ずつ感想を共有し始めた途端、ひとりのラインリーダーが泣きながら話し出した。

「私、今の仕事も工場も無くしたくないよ。何とかしたい！！！」

「ほんとに、私もそう思った。最後の岩井社長の言葉を聞いて、勇気が湧いてきた」

「今からだって間に合うよね、私たち」

「そうだよ、間に合うよ。だから、工場を改善し続けようよ」

「絶対工場を再生させるんだ！！！」

「そうだ！そうだ！」

皆の感想をずっと黙って聞いていた森本は、ぐっと胸が詰まる思いをしながら、工場の閉鎖だけは何とか食い止めないといけないと心に決めていた。

工場見学を終えた翌日、亜子は、参加メンバーを集めて見学の振り返りを行った。工場全体の定置管理や備品管理、整理整頓については、田村を中心に動くことに決め、生産ラインについては、中西が中心になって工程や配置など生産力と品質の改善を進めることにした。

工場の備品や在庫の整理整頓や定置管理などにはかなりの時間がかかりそうだったが、冬の閑散期には時間が取れそうだ。工場全体の整理整頓は工程計画をつくり毎週時間を決めて行うことにした。また、生産ラインの改善については、技術力の向上に合わせた工程や縫製スピードの見直しを定期的に行い、ミシンの配置や入れ替え、針の交換など保全係を配置し、型番交換をスムーズに行い生産力を向上させた。

また、不具合があった場合、そのたびにラインを止め、仲間と話し合い、他のラインのメンバーにも活かせるように、引き継ぎメモを残すようなしくみにした。

こうして少しずつ改善の動きを継続していくうちに、年も暮れ、工場全体で大掃除を行った後、一年の振り返りをして、工場は年末年始のお休みに入った。

年明けすぐに、森本は亜子に話があると言ってきた。

「いよいよ、工場の経営について、結果を出さないといけなくなったのかもしれない」

亜子は、はやる気持ちをおさえながら、森本が待つ東京オフィスに向かった。

「昨日会長から呼び出されたよ。工場の厳しい現実は変わらないが、時間的猶予を与えてくれたんだ。1年〜2年の間で売却先を見つけるので、その間に生産体制と技術力、品質をさらに向上させてくれと言ってくれた。まだ売却先は決まっていないが、工場閉鎖は免れそうだよ」

「ほんとですか！！！良かった！私も閉鎖だけは何とかしたいと思ってたから」

「良い売却先が決まるかどうかは運を天に任せる部分もあるが、工場の赤字も去年に比べるとかなり改善しているし、彼女たちの働き方は確実に変わってきている。きっと見つかるはずだ。会長も〝全員雇用で売却できるように何とか考えよう〟と言ってくれた」

「そうですか。会長も一生懸命考えてくださったんですね。うれしいですね」

「ああ。ほんとうに感謝だよ。地方の産業や雇用を失うことは、我々の事業の理念に反することにもなるしね。それと会長は、工場の業績がまだ赤字でもあきらめずに、将来のために改革は実行し続けてほしいと言ってくれた。社員の成長や工場の改善の内容も評価してくれているようだ。いつも厳しい決断をする会長も、今回だけはかなり迷ったと言っていたよ」

「そうかー。では、今年は勝負の年ですね。気を引き締めていきましょう」

「そうだな。悔いを残さない1年にしよう」

森本は、年明けに全社員を集め、このまま改善を進めることを条件に、工場の存続の可能性が出てきたことを伝えた。

それを聞いていた社員は、喜び、泣き、笑い、抱き合いながら、跳び上がっていた。

「ほんとですか？夢みたいね！」

「うれしい！うれしすぎるよー」

「私たち、みんなで頑張りましょう！」

そして、その中で、「これからだ、気を引き締めていこう」という、伊藤工場長の言葉に対してみな強く頷いていた。

その後、田村を中心に幹部ミーティングは継続され、工場の経営改善や、生産計画についての見直しは適宜行われていった。中西を中心に、育成計画を立て、知識・技術力の向上や、カルテの活用による適材適所の工程配置を行えるようになった。また、静岡工場見学で改善に目覚めたラインリーダーたちが、型番が変わった時のミシンの入れ替えフォーメーションや、ミシン鍼が折れた際の保守作業の時間短縮、座席移動の時間を短縮するために椅子の背もたれをなくすなど、1秒でも工程を短く、且つ正確に品質維持ができる仕事のしかたを仲間と共に考え、生産ラインの改善を実践するようになった。

その年の繁忙期は前年よりさらに型数が多く、枚数の少ない受注が増えたが、工場は一枚流し生産方式に慣れていたこともあり、ほぼ混乱もなく乗り越えることができた。全体の受注量が増えないことから赤字ではあるが、年間2,000万円の赤字が何とか1,000万円を切るほどには改善していた。納期も安定し、工場の改善や技術力の向上は確実に進んでいた。

その翌年、2011年3月、東日本大震災が発生した。奇跡的に黒水工場は無傷でミシンの損害もなかったが、その影響もあり生産量は激減し、いよいよ厳しい経営状況に陥ってしまった。

そんな時、持ち株会社でM&Aを得意としている本社の経営企画部長が、森本を本社の会議室に呼んだ。

「森本社長、実は黒水工場を買いたいと言ってきている会社があります。海外に工場を持っていて、売上もうちの5倍です。品質レベルが高い日本の縫製工場を探していたみたいなのです。たまたま、私の知人が岩手出身で大手の製造業の支店のトップでして、その会社の社長と知り合いだったみたいです。それで、黒水工場の近年の実績と、規模、得意先、生産方式、技術力についてお話したところ、先方はかなりの乗り気で、話を直接聞きたいと言ってくれています」

「本当ですか?それはありがたい」

「知人曰く、その社長はかなりの人格者で、経営理念もわが社と合うのではないかと言ってくれています。一度、一緒にお会いになりませんか?」

「ぜひ、お願いします」


森本は、亜子に「売却先が見つかるかもしれないが、会ってみないとわからない。ぬか喜びになるかもしれないが、とにかく行ってくる」と伝えておいた。

森本の気持ちを考えると、亜子も落ち着いてはいられなかった。


1週間後、森本から亜子に連絡が入った。

「社長は良さそうな人だったよ。我々が得意なカジュアルラインをメインに海外で生産しているようだ。今後、もっと品質の高いカットソーの商品や、綿コートのようなものを国内で生産していきたいらしい」

「それは、今の黒水工場にピッタリやないですか?すごい出会いやわ!神様はちゃんと見てくれているんやね」

「そうだね。全社員雇用などの条件などが合えば、一年以内に決まると思う。うまくいけば、来年中には売却されていることになるだろう」

「良かった。正直な気持ち、すっごくさみしいけど、今のままの工場でいられるんなら、そんな良い条件はないですよね」

「うん。僕たちにできることはそこまでだ」

「森本さんは、ほんとに、ここまで一生懸命頑張られましたね。彼女たちが生き残れる環境を必死でつくってこられた。次は彼らが自分の足で立って、歩いていくステージだから、喜んで背中を押さないと、ですね」

「そうだね。最後まで一緒に送り出してあげよう」

「はい。もちろんです」

その後、経営企画部長の迅速な動きもあり、売却の動きは着実に進み始めた。震災の影響で、売却時期は繁忙期明けの来年の10月ということに決まった。

次の経営者が、この工場を手に入れて良かったと誇りに思ってもらえるように、さらなる工場の改革を進めていこう、そう森本と亜子は話しあった。

世界一の工場をめざせ！

その年の繁忙期が明けた頃、全社員を食堂に集め、森本は工場が新しい経営者の手に渡り、全社員雇用が守られて、存続できる旨を伝えた。

売却するといううしろめたさを持っていた森本にとって、集まっていた社員が素直に喜んでくれたのが、せめてもの救いだった。

「存続させてくださってありがとうございました！」

「新しい経営者の方がどなたでも、我々は森本社長に対する御恩は一生忘れません」

「我々が生きていけるようにしてくださった。ありがとうございます」

「岩手でこのまま働けるなんて、夢のようです」

感極まった森本が、

「みんな、すまない。我々の会社で一緒に働きたかった。でも、今度の会社は、今以上にみんなが活躍できる可能性やフィールドがある。これからもずっと応援しているので、岩手が誇る世界一の工場になってください」

「なりますよ、必ず！見ていてください」

村井が、「そうよ！みんならできるわ！」と声をかけ、大きな拍手を送った。

皆、一斉に拍手をしながら森本に感謝の言葉を伝えた。

食堂の後ろで、顔をぐしゃぐしゃにして泣いている亜子を見つけた社員たちが、

「篠田さん、泣いてるー。もう、さみしくなるから、やだー」

「私たちが、ここまで変われたのは、篠田さんのおかげだよー、本当にありがとう」

「ほんと、ほんと、楽しかったー。篠田さん面白いから、改革って楽しいって思っちゃったもん」

「会社辞めようと思ってた時期もあったけど、私の強みを探して褒めてくれたから、自信が持てた」

「私たちのこと、忘れないでね」

「もちろんだよー、もちろん……」

「あー、また泣いちゃった」

その日は、しばらくの間、お互いが誰ともなく抱き合っては泣いていた。

そして2年後。久しぶりに、森本から亜子に連絡が入った。亜子は、売却される年の3月で支援を終えていた。10月に売却された黒水工場は、その後も、さらに改善を継続し、勉強会も開催するなど、社員たちは技術を向上させながら元気に働いていたそうだ。

売却後、伊藤は1年ほど工場長として働いたが、その後田村が工場長を引き継ぎ、立派にマネジメントを行っている。そして、ついに今年黒字になったという報告だった。

亜子にとって、こんな嬉しいニュースはなかった。

すぐに森本と亜子は再会し、食事を共にした。

「あの工場の支援は一生忘れられない宝物になったなー。私の仕事の原点です」

「僕もね、経営者になって初めての会社だったから、実は、売却後に、もっとうまくできたんじゃないかって何度も自分を責めたこともあったんだ。でもね、今回、彼女たちが一人も辞めずに工場も黒字になって、彼女たちにとっても、工場にとっても、わが社にとっても、一番の幸せな選択だったんだって、やっと思えるようになったんだよ。

それとね、売却先の社長が売却後しばらくして僕に会いに来てね、みんなイキイキ働いているし、技術もしっかりしている、改善だってしっかりできる。どうやってあんな社員を育てることができたんですか？って言われてね。びっくりしたよ」

「えー！それはすごいじゃないですか。いいおうちに嫁いでいけたんやね」

「ほんとにそうだね。うれしいよね」

「働く人が成長を実感できて、心が豊かで幸せである。そして、その事業そのものが、社会に貢献し、豊かな社会を創ることにつながっている。黒水工場の改革は、まさに私たちがめざしていたこと、そのものでしたね」

「そうだな。改めてお疲れさまでした」

「こちらこそ、お疲れさまでした」

「あ、でも、篠田さん、また新しい事業の支援を頼もうと思って、今日は食事に誘ったんだよ。その話をしてもいいかな？」

「あはは。もちろんがってんだ！早速、相談しましょう」

2人は、新たな事業の改革について、すぐに夢中になって語り始めた。

解説

〔ライフサイクルの各フェーズにおける父性性・母性性のバランス〕

※実際には各企業の事業や風土によって理想的なバランスは多少変化します。

【黒水工場改革を父性性・母性性バランスの観点からサマリー】

組織は９：１と父性性かなり強く疲弊している状態からのスタート。森本の強みである決断力とリーダーシップで方向性を示しながら、一方で、組織の中に安心して挑戦できる訓練ラインや学べる環境やしくみを導入。リーダーの役割や日々の生産方法を変えることで、思考行動様式の変容を促進。組織のバランス比率を４：６⇒３：７と変えながら安心・安全に改革を推し進める状態を作る。

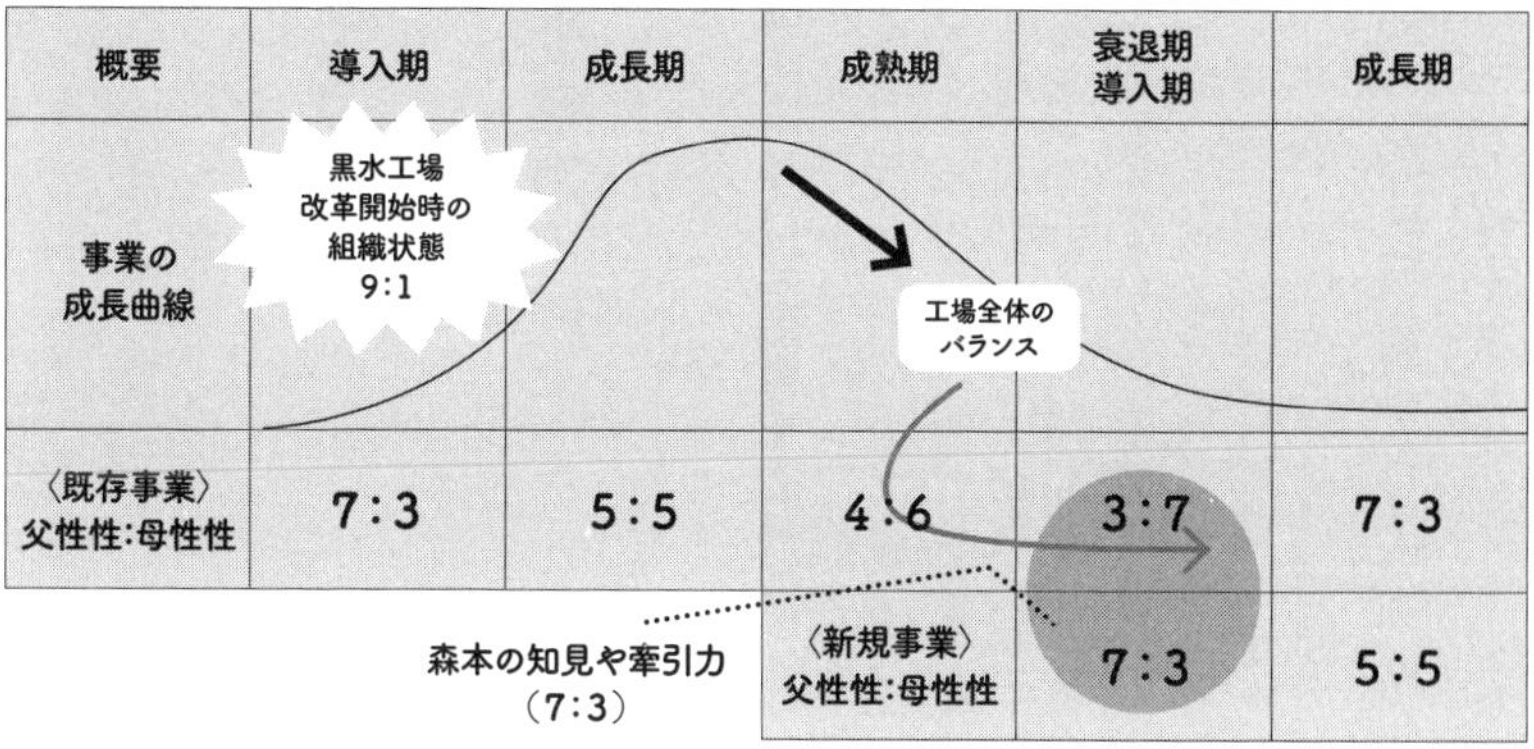

STAGE1

「マザーシップデザイン」ステージ経営者のマネジメント基盤づくり

◆ステップ1　自己認識力と自己受容力の向上

森本社長の場合

①自分の人生を振り返り、生い立ちや転機から自己認識力を高める。

森本は親会社の部長時代にも、ジブンガタリやインタビューを行っていたが、社長に初めて就任した時点で、あらためてジブンガタリを行った。自己認識と他者認識のズレは新しい役割や責任、環境になった際に生まれやすいため、人生の転機において、自分の人生を振り返ることは、自己認識力を向上させる機会となる。

生い立ち

父親は真面目で勉強熱心なサラリーマンで転勤族。幼い頃は引っ越しが多かった。父親が夜、家に部下を呼び、一緒に食事をすることも多く、母親は食事の準備に追われているため、森本が食事を運び、父親の部下と一緒に食事をしながら話をする機会が数多くあった。また、転校をした経験があり、新しい友達を作るために、スポーツも勉強も一生懸命励み、結果を出しながら、周りに対して気を遣う子ども時代を過ごしていた。厳しいが一生懸命働く父親と、かいがいしく家を守る母親を見て育ったことから、両方の特性を上手に受け継いでいる。

しかし、部長だった頃の森本は、部門の業績を上げ、社員を守るために、父性性が非常に強く出ており、勇敢でエネルギッシュ、理論的で行動力があった。また、社員を養うという気持ちが強く、指導力があり厳しかった。

森本社長のバランス…父性性7：母性性3

②新たに必要な強みと能力を補完する。

自分の強みや能力を再認識すると、自分の弱い部分も浮かび上がる。

森本にとって、新たに社長に就任した事業は、生き残りをかけた地方産業の工場改革だったため、工場の構造改革と、それを推し進めるための意識や行動改革が必要となっていた。森本の中にある父性性の強みを十分に生かしながら、構造改革を推し進めるためには、社員の心の中にある、改革に対する不安や恐怖を取り除き、安心して一歩が踏み出せるように、組織の中に「育てる、包み込む、あたたかさ」という母性性の要素を補完する必要があった。これらの要素は実はあまり森本の強みではない部分だった。そのため、篠田亜子を現場に送り込み、自分の弱みを補完する役割を担ってもらった。

森本は亜子と補完関係のチームを組むことで、亜子の思考行動パターンを自然に理解し、自分が弱いと思っていた部分を受け入れることができるようになっていたのだ。

黒水工場の改革前のバランス…父性性9：母性性1

黒水工場の改革に必要なバランス…

フェーズ1　父性性4：母性性6⇓父性性3：母性性7

◆ステップ2　思考行動パターンの変容（清流化）

①森本社長がまず自分の思考行動パターンを自覚する。

森本は、これまでは男性部下ばかりの組織で、ホワイトカラーの社員のマネジメントを行ってきた。今回は女性社員が95％の工場で、縫製一筋で働いてきたブルーカラーの社員のマネジメントを行うことになった。育ってきた環境も仕事の仕方も異なるため、彼女たちの思考行動パターンと自分自身の思考行動パターンにはかなりのギャップがある。それを受け入れていくためには、まずは自分自身の中にある思考行動パターンを理解し、無自覚の認知のゆがみやとらわれを外す必要があった。森本の場合、頭の回転が速く、決断や行動も早いので、ゆっくり考え感覚で話すタイプの人間とはタイミングが合わず、イライラしてしまい、結果的に自分でやってしまうことが多かった。また、仕事をこなすスピードが遅い、すぐにネガティブな反応をする社員に対して、やる気と能力がないと判断してしまう傾向があった。教えることが好きで指導力もあるため、一方的であるという印象を持たれやすく、相手に威圧感を与えてしまうことも多々あった。

「スピードが遅い＝仕事ができない／否定的な反応をする＝やる気と能力がない社員」

このようなレッテルが自分の中にあることに気づくこと、そして、スピードが遅い、否定的な反応をする社員は能力がないと決めつけるのではなく、何か別の理由があるのではないか、など多面的に捉えようとするだけで、感情的に反応することは起こりにくくなる。

同時に、自分が大切にしていることや価値観などを、自分自身で言語化し自覚することも重要である。「失敗してはならない」「経営者としてはこうあらねばならない」など、固定概念にとらわれていると、改革は進まない。マネジメントは計画通り、思い通りにいかないものだということを認識しておくだけで、はやる気持ちは抑えやすい。

今回の改革では、森本は、工場の社員が外部情報を知らないということ、縫製についても知識・技術を磨いてこなかったこと、過去の経緯からそれが優先されてこなかったことなどを、昔であれば、「やる気や能力がない」と決めつけていた思考行動パターンを自覚していたため、受け止めることができた。思考の癖に振り回されず、現状をフラットな状態で見ることで、従来のとらわれが外れ、改革を押し進めるために必要な環境やしくみを考えることができた。

②組織の中で影響を与えているリーダーからアプローチをかける。

この物語の場合は、篠田亜子が支援を行ったが、経営者やリーダーが自ら行う場合は、ステップ2の「思考行動パターンの清流化」をしっかり実践しておくことで、相手が大切にしている考え方や価値観を受け止めながら、組織の思考行動パターンの変容を促すことができる。
黒水工場は、リーダーの思考行動パターンが悪影響を及ぼしていたため、最初にアプローチをかけた。

伊藤工場長の場合

まずはミスや納期に間に合わないと罵声を上げ、現場にギスギスした緊張感を作っていた伊藤工場長のカウンセリングを実施。本人は責任感からその行動を起こしているが、それが現場には悪影響を及ぼしていることを自覚していなかった。亜子は、自分はなぜこういった行動をするのか、自分の役割や責任に対する考えや想いを伊藤自身に言語化してもらい、それが固定概念であり、「思い込みなのではないか、他に手段があるのではないか」という認識の変化を促した。事実上のトップとして、伊藤が、今まで誰にも相談できない孤独感の中で頑張ってきたことを受け止め、伊藤がやってきた想いを理解し、感謝をしながら、リーダーが本来何に責任を持つのかを考えてもらうようにサポートした。

管理職層の場合

工場長の思考行動パターンの影響で、ラインリーダーや課長も同様のマネジメントスタイルを行っていた。亜子は、組織の中で影響力が強い人から、思考行動パターンの認識と自覚を促すアプローチを始めた。ラインリーダーについては、新しい生産方式の導入を成功させられるかどうかの鍵を握っていたため、リーダーたちの日頃からの不満や疑問などを丁寧に拾い、現場からの「旧生産方法に戻したい」という声を上手に生かし、新旧2つの生産ラインの競争など、納得できる方法を一緒に探した。自ら体験し実感してもらうことで、新しいリーダーの役割や責任を自覚してもらう機会を作り、思考行動パターンの自己変容が起こる環境を生み出した。

◆ステップ3　めざす方向性に近づくための改革シナリオ創り

①経営者が大切にしている価値観や判断基準を言語化することで、改革シナリオを描く。

事業会社の部長をしていた頃から、もともと森本には人を大切にしたいという想いがあり、マネジメントを実践してきた。今回、亜子と共に、工場の経営者として何を大切にしていきたいのかを、就任した最初の時点で整理することで、意識の切り替えを行った。

事業会社の部長の考え方の延長線上ではなく、工場の社員を養う経営者としての自覚を持つためにも、森本が大切にしていることを、改革の方向性に重ねながら、改革シナリオを考えることで、自分自身がぶれない判断基準や優先順位を明確にすることができた。森本は亜子と対話しながら、「社員ひとり一人が仕事に誇りを持ち、市場で生き残れる工場に再生する」という自分自身の魂が入った改革の目的を言語化した。さらに、その改革の先に実現したい未来を手に入れるためには何が必要なのかを考え、①一枚流し生産、②小ロット・多品目・多能工、③新規受注先の開拓という3つの柱を立てた。工場の目標は①グループ残留、②売却、③廃止の3つの選択肢の中で、①と②に置いた。

STAGE2

「フォーメーションデザイン」ステージ 経営マネジメントの実践

◆ステップ1　ありたい姿と現状の認識合わせ（事業・人・組織）

①社員全員への個別面談と全社員に対する発信。

森本は目的と3つの柱などの方向性を定めた後、それを全員に向けて発信した。これは改革の旗揚げであり、社員全員がどこに向かっていくのかというベクトルを合わせ、スタートするフェーズとなる。森本は、その手前の土壌づくりとして、個別インタビュー（面談）を行なった。これは、新しく就任した経営者が何者なのかを知ってもらうために、100人ほどの人数であれば、どんな経営者でも就任後に必ず行ってもらいたい行動だが、特に今回の工場再生の場合は、とても重要な意味を持つ行動の一つである。

いきなり改革の旗揚げをするのではなく、最初に個別面談を行ったことで、社員は改革の目的や背景を理解することができ、森本という人間が何を伝えようとしているのかについて、社員の聴くスタンスも変わり、肯定的に受け止めやすい環境が生まれた。

②認識を合わせる。

社員同士の共有

黒水工場のように長年一緒に働いている仲間であっても、実は仲間が何を考えているのかは、なかなか共有する機会はなかった。改革のスタートを切るタイミングを上手に活用し、ジブンガタリやモヤモヤガタリという方法を取り入れ、改めて仲間同士で不安や疑問などを共有することで、工場の中に蔓延していた不満のエネルギーを発散させお互いの距離を近づける機会をつくった。

管理職層の認識合わせと課題共有

改革を推し進めるには、組織をマネジメントしている管理職層が、改革の目的と意味をしっかりと理解する必要がある。黒水工場は、全体の工程が見えていなかったため、このままでは改革は進まないと判断し、営業を早めに巻き込み、受注から納品までの工程の見える化を先に入れることにした。田村課長は、全体を見ることは比較的できていたが、前工程の営業の動きはつかめておらず、営業への対立意識や問題意識につながっていた。田村が生産管理能力を高めるには、事実実態を把握し、部分から全体が見えるようになることが必要だった。

改革を進めるためには、全体の流れと実態をどれだけ把握できているかがカギになる。外部状況の情報や、世の中の変化、営業がなぜそのような行動をしているのかを管理職層が理解できたことで、工場の改革を急ぐ必要があるという共通認識につながった。

◆ステップ2　フォーメーションづくり

人材発掘⇓能力開発⇓組織マネジメント開発⇓業務プロセスの見える化とワークフローの見直し⇓適材適所に再配置

①キーポジションにつける人材発掘

改革が促進されるフォーメーションをつくるためには、キーポジションにつける人材を発掘することが必要になる。黒水工場の場合は、全体を見ることができる田村課長と技術力の向上を促進させる中西、そして、新生産方式の品質・技術・生産性を高める現場リーダーだ。

また全体的な人材強化として、社員が自ら成長する環境としくみを作るために、

①見える化：自分の技術と市場価値を知るための認定試験
②技術力アップ：訓練ラインを設置し、基礎技術のトレーニング環境を作る
③カルテの作成：自分の現状がわかり、課題や目標を設定するしくみ

を導入した。

②業務プロセスの見える化とワークフローの見直し

長い間、同じメンバーで同じ仕事をしていると、なかなか仕事の流れの見直しをする機会がない。黒水工場は、歴史も古く、顧客も固定化していたため、特に新しい技術を求められることはあまりなく、仕事のしかたも変わらず、トラブルが起これば、その場対応で何とか修正し、特に改善も行っていなかった。この改革では、生産方式の変更が成功するかどうかがカギとなるので、新しい生産方式に対しての知識・技能・流れのイメージの共有が必要だった。

新生産方式の導入と変化に対する恐れ

この改革で重要なポイントは、新しい生産方式の導入のしかただ。人間は、新しいものや未知のものに対して恐れを持つことが多い。今までの生産方式に慣れている社員は、自分の価値が薄れ、技術力が足りないことを認めたくないという葛藤の中で苦しむ。頭ではわかっていても、恐れや不安が思考行動パターンの変容を妨げる。最初は社長の想いに賛同していても、「やってみると思うようにいかない、周りもみんな苦労している、こんなにみんなが苦しむならば、元に戻したら良いのに」などと、仲間を巻き込みながら、正当化の流れを作ろうとする。

したがって、改革のカギとなる新生産方式の導入には、組織や仕事のしかたの中に、安心して挑戦できる環境やしくみが必要だった。

イメージの共有と技術の向上

まずは、新しい生産方式のイメージを共有するところから始める。どんなスポーツでも新しい技やフォーメーションに変えるには、そのイメージを仲間と共有することが大切だ。黒水工場では、同じくらいの規模で、品質・技術が安定している工場を探し、社員全員で見学を行い、イメージを合わせたものの、安心感とともに多少の不安も生まれた。「おもしろそう、できそう」であれば良いが、「あんなことできるのだろうか、私の技術でカバーできるのかな」といった、不安の感情も生まれていた。ここでトリガーになったのは、訓練ラインの設置だった。もともと縫製技術が好きで働いている社員の源のエネルギーが高まったのだ。縫製認定員に教えてもらい、安心して技術力が磨ける。しかも、先生はとても明るくて優しく、情熱的に教えてくれる母性性の塊のような村井だ。社員が主体的にやる気を出す環境としくみはこうしてつくり上げられた。

フォーメーションと再配置

この物語の前半では、亜子が全体の流れやフォーメーションを見ながら、森本と作戦を立てていた。しかし、後半では、中西と田村にその役割をシフトさせている。現場で問題解決や課題設定ができるようになるには、社員が自分で考え動くことが大切だ。中西のように、仲間に技術を教えることが上手で、無理せず、徐々に多品目に挑戦するタイプをリーダーに置き、全体の把握は、感情に流されず、全体を客観的に見る力を持っている田村に任せていった。

市場価値を上げる改善というしくみ

亜子は、工場の最後の仕上げとして、改善を取り入れるように森本に話をした。納期の短縮や技術力の向上、品質の安定など、課題はまだ盛沢山だった。亜子は、工場が成長し続けるために改善を取り入れている他業界の工場見学を勧めた。見学には、管理職やリーダーなどの役割をもった者だけではなく、興味を持ち、自ら手を挙げた社員もメンバーに加えた。自ら手を挙げてポジションを取りに行く、黒水工場には、そういった主体的な社員が増えてきていたのだ。

◆ステップ3　実践と振り返りの定着化

新生産方式の定着

最初のキックオフから、毎月1回、社員全員が集まる場を作った。新しい生産方式が定着するまでは、疑問や不安などの共有を中心に進め、生産方式が定着した後は、改革のベクトル合わせや、繁忙期の課題共有など、改革を推し進めるために必要な課題やテーマ、改革の全体像や進捗状況などの共有も行った。

技術力向上のしくみ

技術を磨き続けるために、2か月に1回、「認定チェックの日」を定め、それぞれが自分のカルテで認定がまだの項目を受けることができるようにした。亜子は中西やラインリーダーと相談しながら目標を立て、技術力を向上させるしくみを作った。村井が全工程の縫製の認定に合格した中西と他の3名に対して、認定のしかたを伝授し、公認ではないが社内認定者を置いた。

改善のしくみ

静岡の工場見学の後、改善に興味を持ったメンバーが手を挙げ、テーマと目標を決めて改善を進めた。

①縫製ラインの改善：ミシンのレイアウト・椅子の配置、流し方、備品の定置管理（作業）

②縫製方法の改善：全体工程の見直し、各工程の時間の見直し（工程）

③縫製ライン替えの改善：型番が変わった際のミシンの配置交換、針が折れた際のミシン交換のスピード改善など（システム）

月に1回、全社員が集まる場で共有し、改善を行った内容は食堂の廊下に掲示した。

黒水工場は、一枚流しという新生産方式を改革のテコとし、構造改革と意識改革を同時に推し進めた。潰れかけた工場が再生するまで、経営者が自分の葛藤と向き合いながら、自分の基盤を安定させ、社員の変化に対する恐れをしっかりと受け止め続けた。後がない状態になっても、丁寧にシナリオを組み、恐れを取り除く環境やしくみを上手に取り入れていった。フラットな森本の意思決定によって起こった未来は、全社員が雇用され、さらに活躍フィールドが広い会社の仲間になったということだった。

第2話
赤字事業のV字回復
～改革のテコを見つける！～

キャスト

■篠田亜子 42歳 プロセスデザイナー

感情豊かで明るく元気。自己受容力が高く直感が鋭い。敵対していた相手もいつの間にか味方になってしまう。事業や人が成長し、隠れた可能性を広げて活躍するための支援に生きがいを感じている。

■遠山啓一 社長 60歳

3代目社長。メーカーで技術開発者として働いていたが、後継ぎとして15年前に東野株式会社に戻る。10年前に社長に就任、事業成長と共に自ら考え行動する社員が育つ組織をつくりたいと思い、亜子の会社に仕事を依頼してきた改革スポンサー。

■植藤高雄支店長 53歳

技術営業で実績を上げてきた人物。柔軟で発想力が豊かなアイデアマン。気持ちが優しく、強いトップダウンのマネジメントは苦手。自分の軸をしっかり持っている哲学者でもある。じっくり考えて行動するタイプ。

■堂脇明副支店長 54歳

理論派でロジカル、スピーディな意思決定と行動力が強み。根は優しいが仕事ではかなり厳しい。トップダウンのマネジメントが得意。

■飯田貴弘営業課長 38歳

人当たりが良く、争いごとが苦手な温和な性格。営業成績も良く、仕事もしっかりこなす。営業の仕事のしかたに問題意識を持っているがなかなか行動に移せない。

■丸山保工事管理課長 45歳

ゼネコンの現場監督から転職、仕事が丁寧でオペレーション・リスクマネジメント能力が高い。協力会社の気難しい親方とも信頼関係を築いている。

■奥田祐子総務社員 48歳

一般職だが、多部門の異動経験を持ち、人脈が広く経営層にも信頼が厚いベテランの女性社員。母親のようなスタンスで若手をサポートしてくれる。

■牛丸太宏二技術部長 45歳

技術や仕事に対して熱い想いを持つ技術者。部下に対しても一緒にキャリアを描き、的確な目標を設定しながら、成長支援を行うことができる。

■元木真一郎技術部社員 30歳

右脳と左脳のバランスが良く、現場感覚は鋭い。もっと技術力を高め、社会に役立ちたいと思っている熱き若手社員。

■ **樋口三郎技術部社員 58歳**

無口で対話が苦手だが、施行技術に関して高い研究心と分析力を持つ技術部のベテラン社員。努力家。

■ **上杉一郎工場長 54歳**

引っ込み思案でおとなしいが、誠実な工場長。工場のトラブルに追われて日々奔走しているが、工場の社員のことを考えて何とかしたいと思っている。

3代目社長の孤独と悩み

東野株式会社は、資材の手配から仮設まで請け負う建設会社として、まもなく創業100周年を迎える歴史の長い会社だ。遠山啓一は3代目社長、前職はメーカーで技術開発を行っていたという経歴を持つ異色の経営者だ。3人兄妹の末っ子で、しっかりものの姉が面倒を見てくれたこともあり、性格はのんびりしていてマイペース。アイデアが次から次へと浮かび、そのアイデアを強引に進めたいが、なかなか役員には理解を得られず、古参の役員からは、「社長は宇宙人みたいな発想で、俺達にはイメージができないな。言葉も難しくて何を話しているのかわからん」などと言われてしまっていた。

篠田亜子は、東野株式会社からオファーを受け、改革推進のプロジェクト担当となった。亜子は、早速遠山社長に会いに行き、今回の改革の目的を共有し、遠山の生い立ちから、会社を引き継いだ経緯、今悩んでいることや、これからどんなことをしたいのかなどをじっくりと話してもらった。

遠山は、やんちゃな冒険王だった幼い頃の話や、近所の土手に作った基地で、廃材を集めて武器やソリをつくり、仲間と一緒に戦争ごっこをしていた話などを楽しそうに振り返った。なぜこの会社を継ごうと思ったのか、継いだ後に苦労したことなど話しているうちに、気がつくと5時間もの時間が経っていた。最後に「この会社をどんな会社にしたいと思っているのですか?」という亜子の問いに、遠山は力強く答えた。

「これからは業界の中に留まらず、業界を超えて考える発想力が大切だ。そのためには、まず社員ひとり一人が、自分で考える力をつけ、行動することができる組織やしくみをつくりたいと思っている。しかし、わが社はまだまだ古い考え方や、昔ながらの仕事のしかたをしていて、無駄が多くブヨブヨの肥満体質だ。就任当時、副社長が傾きかけていた財務を立て直してくれたおかげで、ある程度経営基盤はしっかりしてきた。しかし、まだ人や組織に関しては筋肉体質だとは言えない。もっと、新しい技術や工法などを生みだし、災害が多い日本社会に役立てる事業に成長し、チャレンジする組織にしたいのだが」

「そうですね。御社は震災が多い日本やそういった他国にも役立てる事業だから、これから需要は増えますし、より成長する可能性があります。ただ、長年培った思考行動パターンを変えることは簡単ではないので、まずは、社長の考えやこれからの方向性を発信することから始めましょうか。自分たちの事業や仕事の価値を見直す機会を作ったり、価値が高まる仕事のしかたやマネジメント改革を行っていくと、実現に近づきますので、是非改革のシナリオを一緒に考えていきましょう」

「そう言ってくれると嬉しいよ。では早速だが、まずは、経営層の実態を見てほしいんだ。次回の役員会議に出席してくれないか？」

「はい。わかりました。参加させていただきます」


1週間後、亜子は本社に出向き、遠山が役員に対して、「人と事業の成長につながる組織改革」をスタートするという宣言と、その目的や意味、めざす方向性を考える役員会に同席した。

遠山が現状とめざしたい方向性を伝えると、役員はそれぞれ意見を話し出した。

「私も日ごろからずっと思っていましたが、社員に考える力をつけさせることはこれから必要だし、賛成ですよ」

「社員に対する教育は否定しないが、自分の事業はそこまでひどくないのに、わざわざやる必要があるのか？」

「また新しいコンサルを入れるのか？前回のコンサルのやり方は強引で、コンサルに対する拒否感や疲弊感がまだ職場には残っている。そんな状態では職場でアレルギー反応を起こすのではないか？」

「ＴＦＭ社は、社員の考える力を育てることができるコンサルだと聞いているから良いのではないか？」

「そうだろうが、私たちの事業は利益もちゃんと出しているし、社員の退職率もそこまで悪くはない。特に慌てて改革をする必要はないと思うが」

など、総論賛成、各論反対の状態が続いた。

亜子は、役員たちが現場の実態をどう見ているのかを聴きながら、ＴＦＭ社が大切にしている支援の考え方や、プロセス支援について適宜説明を行った。そうしたやり取りを聴いている遠山社長が、どうしたものかと少し苛立ちを見せている表情も見逃さなかった。役員会議が終わった後、遠山と亜子は会議室に残り、振り返りを行った。

「篠田さん、今日の会議に入ってどう思った？今は特に問題がない、受け身な社員に問題はあるが、そこまでひどくないんじゃないかなんて、自ら会社の未来を創るために考えて行動するはずの役員が、他人事のように話していたように思わなかった？自分たちには課題はないのか、自分たちは何をすれば良いのだろうか、などは全く出てこなかったでしょう？私はね、ここにとても問題があると感じているんだよ。わが社は、銀行から転籍した役員と、現場たたき上げ営業マンの役員で構成されている。役員になった時点で、役目は終わったご褒美人事になってしまっている部分があってね。まあ、でも、この状態をつくってしまったのは私自身であり、今までの経営の責任でもあるんだが。一人でも、私と一緒に改革を後押ししようと考えてくれる人が出てくるといいんだが、なかなかいなくてね。さっきのようなやり取りを聞くと、これでは改革は進まないんじゃないかって心配になっちゃうんだよね」

「日本企業の役員は、年功序列でそれなりに活躍した方が昇格して役職につくケースが多いから、そろそろ若い奴に頑張ってもらおうと、自分が引いて見守っている方はいるでしょうね。それに、今まで会社も、役員に対しで、事業の数値目標を持たせることはあっても、人や組織に対して、具体的な目標や責任を持たせるということはなかったんでしょ？今の役員は、遠山社長の前の社長と一緒に頑張った方々がほとんどだから、これからの役員に対しては求められる役割責任が変わるとしても、急に求められても厳しいですよ。

先代と一緒に、会社の成長に貢献してくださったのは確かだから、その部分は認めつつ、これからどんな経営マネジメントが必要になっていくのか、また、どんな人に経営層になってもらうのかは、今から考えないといけないですよね。

今日の皆さんのお話だと、これからの社員が育つことに関しては賛成だし、会社の中に、社員が育つ環境やしくみを作ることも反対していなかったから、人が育つ環境をつくってくれたり、応援してくれたりするスポンサーや改革をサポートしてくれるセーフティネットになってもらいましょう。そして、遠山社長ご自身で、今後、一緒に会社を引っ張ってくれる次世代のリーダーの発掘や、能力の開発につながる勉強会を開催しちゃいませんか？」

亜子の提案に、遠山の顔はぱっと明るくなった。

3か月後、遠山と亜子は、会社の未来を考える次世代リーダー候補を集め、勉強会を立ち上げた。この勉強会を通じて、1年間、社長と共に、会社のめざす方向性を共有しながら、自分の支店の事業や組織課題を明確にし、めざす姿に近づくマネジメントを実践していくことにした。

業界の成長と社員の疲弊感

遠山社長は、先代の影響力もあり、就任した際にはかなり苦労した経験を持つ。先代は業界でも存在感のあるカリスマ的な存在で、強いリーダーシップを発揮して400人の組織を引っ張っていた。当時は、今より事業はシンプルで、資材の調達とリースがメイン事業でルート営業を行っていた。購買が資材を調達し、営業がクライアントから受注した資材を工場に発注、必要があれば自社工場で加工を行う。工場から現場に資材を配送し、現場工事が終了したらリース資材は回収するという工程が主な流れだった。

その頃は、時代背景も建設業界に対して追い風で、各支店長が高い売上目標を掲げ、強いリーダーシップを発揮すると面白いように売上は伸びた。支店長は主に顧客との関係性を強く築き、その人の信頼で売上をたたき出していた。

当時は、強い上司に必死についていく部下が生き残り、昇格していくという構図が多く見られ、社内では、仕事とはそういうものだという価値観が強かった。

遠山は、メーカーの技術開発出身だったこともあり、「人間関係で仕事を受注していくるやり方ではいずれ厳しくなる。確かな技術力や付加価値が欲しい」と思っていた。

営業部配属からスタートしたのだが、現場にいた頃に、部門の経費管理や売上や粗利の予測があまりにもどんぶり勘定だったので、これでいいのかと上司に聞いたところ、その上司は、「営業はそんなみみっちいことを気にしていたら大きな仕事は取れんぞ。金は天下のまわりもんや、使ってなんぼ」と、軽く流された覚えがある。

その当時は、まだ新米だったこともあり、違和感を持ちながらも何も言えなかったが、これでは経営は成り立たないのではないかとかなり危機感を持っていた。

5年後に先代社長が病気で倒れ、突然社長に就任することになるのだが、新米社長に対して、古参の役員や各支店の大御所の目は厳しかった。

その中でただ一人、先代から財務を切り盛りしていた疋田副社長だけは、新米社長の遠山に対しても参謀機能として動いてくれる存在だった。しかし、疋田ももう68歳という年齢で、そろそろ引退を考えていたため、次に財務を任せられる社長参謀を銀行から探しては送り込んでいたが、なかなか適任が見つからない状況だった。

疋田は、遠山が社長に就任したタイミングで、各支店に踏み込み、財務の見える化や経費管理や規定などのルールをある程度導入したが、まだまだ現場はバブル時代の営業のしかたから変わっておらず、粗利は競合との価格競争に陥り下降傾向にあった。営業は受注につなげるために多くの経費を使い、競争が激しくなればなるほど、経営基盤は圧迫された。

ここ10年で、東野株式会社は、社員数も倍に増え、1000人規模になっている。事業領域を資材の調達・リースから、調達・施工・現場管理まで請け負うところまで広げていたため、高齢化が進んだ工事現場や工場の人員の確保に苦労し、担当は、休日も現場に張り付けになり、長時間勤務を強いられていた。

遠山は、この実態をどうにかしないと、いずれ社員が疲弊し、組織が崩壊してしまうという不安を感じていた。しかし、役員会で問題提起をしたところで、この業界は、同じ資材を扱っているので、粗利を上げることは難しいし、人不足はどこも一緒なので無理だと言われ、誰も具体的に手をつけることはしていなかった。さらに唯一信頼している疋田副社長も引退する時期が近づいており、このままでは会社の成長が止まってしまう。遠山は、そういった焦りを持っていたため、改革を急ぐ必要性をより強く感じていたのだ。

会社の未来を創るキーマン発掘

社長肝いりの次世代リーダーの勉強会が始まった。亜子は、全国の支店長を横並びで参加させることに対して違和感があったが、遠山の強い想いを優先し、勉強会をスタートした。

勉強会初日は、亜子が場をリードしながら、遠山がこの勉強会に対して持っている想いや、目的や背景などを共有することからスタートした。遠山は、楽しそうに、以前亜子に語った自分の生い立ちや社長に就任した時のこと、経営を担った後の転機や今思っていることなどを話していた。支店長たちは遠山の新たな一面を知り、遠い存在だった社長との距離が近づいたように感じていた。

こういった、社長が自分の生い立ちや転機などを語るジブンガタリは、会社の歴史や、経営者としての想いを伝える機会にもなり、社員が会社や経営者との距離を縮め、つながる大切なプロセスになる。亜子は、遠山が語り切れていない勉強会の目的や背景を補足しながら、支店長にとって、この勉強会の意味や価値を見つけるプロセス支援を行った。

全員一律で支店長を集めたため、就任期間や年齢層にも幅があり、参加意識もバラバラでスタートをした勉強会だったが、遠山の想いや、勉強会の目的の理解にしっかり時間を取ったことで、ある程度主体性を確保することができた。

亜子は、参加者の中で穏やかで哲学的であり、ユニークで発想力のある植藤支店長に注目していた。

遠山は、年功序列の昇格で上がってしまった古株の支店長を何とか変えてほしいと思っていたが、亜子は、遠山とのミーティングではっきり伝えた。

「遠山さんが、ベテラン支店長に変わってほしい！という想いはすごーくわかるんですが、〝自ら考えて動く人が育つ組織〟が目的なので、ベテランから順番に変えたいという考えは、少し横において、自分から動いてくれている人にフォーカスしてくださいね。それと、人は変われと言われると変わりたくない生き物だから。社長もそうでしょ？」

「篠田さん、そりゃそうだが、リーダーたるもの、それではだめだろう。支店長にもなって、そんなんじゃあ困るじゃないかぁ」

「今まで、皆さん自分のやり方で通用していたんやから、社長の思い通りになんてなりませんよ。自分自身で変わりたい！と思える環境をつくることがポイントなんですからね」

「うーん、特に今田支店長には変わってもらわんと」

「今田支店長はどちらかというと、今の役員と同じ年代の人やし、彼は支店長の中で一番古いし、昔の考え方を継承している人ですから、その考えを変えてもらうには、時間も労力もかかるし、結果的に変わらない可能性だってありますからね」

「篠田さんはストレートだねー。その通りだけど、やっぱり今田は変わらんか……」

「いやいや、変わらないとは言ってませんよ。力点とするポイントと優先順位が違うと言っているだけですよ」

「確かに、役員を変えられないから、次世代リーダーの勉強会を開催したんだもんな」

「そうですよ。この勉強会は社長と一緒に未来を考えてくれるメンバーを探す場です。短所是正ではなく、長所や、今必要な能力に注目してくださいね」

「うー、篠田さんは耳が痛いことをよく言うねー。私も考え方を変えるトレーニングが必要だな」

「そのために、私がいるんですから。ね、社長」

「はいはい。ありがとう(笑)。それで、篠田さんは、どの支店長の長所や能力が今必要だと思ってるの?」

「そうだなぁ、植藤支店長が一番光っています。彼は物事を深く考える力を持っていますし、他業界の良さを自社に取り込もうとする力とセンスもありそうですよ。あるべき論より、自分はこうしたい、こうありたいという自分主語でいつも話をされています。そして、何よりも、社員のことをよく考えて動こうとしていることが言葉の端々に出ています」

「なるほど、確かに今日も、今回の課題を社員と一緒に議論した具体的な内容が出ていたしな」

「あとですね、植藤支店長はご自分の強みと弱みをわかっているので、自分の中にある固定概念や、会社の中に脈々と引き継がれている前提などを打ち破ることができるかも」

「へー、そこまでわかるかね。いや、そうだ、そう言えば、植藤は九州支店時代、新しい工法や技術を開発した実績があったたな。地味だし目立たないやつだったが、じっくり支店の社員をまとめ、業績も含めて結果を出していたようにも思う。他のメンバーはどう思う？」

「津田支店長は、まだ、営業に対しては古い考え方を持っていて、気合いで頑張るマネジメントがうっすら見えますが、社員に対して、自分が気になったテーマで対話する機会を自ら作っています。それと、社長や役員の話をしっかり聴いて自分の言葉で伝える、翻訳機能の役割も無自覚にされているので、参謀的な存在としても期待できるかも。これからは、相手の考えと自分の考えを対話で重ねていく双方向の対話が必要になってくるんですが、津田支店長はすでに行動してますよね。まあ、まだまだご自分がお話しされすぎることが多いかもしれませんが（笑）。そういったご自分も理解されているので、社員ともしっかり対話しながら、会社のめざす方向性に束ねていく力を発揮されそうですね」

「なるほど。参謀機能か、そういった視点は私にはなかったな。津田は、確かに若い時から部下にも上司にも信頼されている。考える社員を育てるわけだから、支店長の対話力や、社員とどういった内容のやり取りをするのかは重要なポイントだね」

「ただ、ひとつ気がかりなのは、津田支店長は、自分の意見ではなく、上司の意向に合わせてしまうことがよくあるんですよ。それが頻繁だと、部下から見ると、軸が無いように見えてしまいます。津田さんが大切にすることを明確にして、上司にしっかり伝えることができるようになれば、仕事での信頼が厚くなり、考える社員を育てるマネジメントが実践できると思います」

「ははは。確かに、津田は丸山役員には口答えができんだろ？津田が入社した時から上司部下の関係性で師弟関係なんだろうけどな。部下から見るとやりにくいだろう」

「津田支店長がしっかりご自身の経営マネジメント基盤をつくり、いざというときは上司に対して、自分の考えをしっかりと伝え、上手に動いてもらう力を持たれると、東京支店のような本社のおひざ元の支店でも、役員を巻き込みながら動かすことができると思いますよ」

遠山は、亜子の話にかなり納得したようで、笑顔で、「そうか、わかった、わかった」と機嫌よく部屋を出ていった。

亜子は、遠山の後ろ姿を見送りながら、植藤のことを考えていた。

「口数は多くないけど、発想力が豊かで柔軟な植藤支店長が赤字の大阪支店に就任したら、こりゃーうまくいくかもしれないな」

これまでと違う新支店長

勉強会は1年で終了し、遠山社長は亜子に、次世代リーダーがチャレンジできる機会を相談していた。遠山が最初から決めていたのは、植藤が大阪支店長、津田は東京支店長という2大チャレンジだった。

長年赤字で苦しんでいる大阪支店は、仲間を巻き込みながら改革を進める力や忍耐力、発想力がある植藤に。本社のおひざ元で業績が好調な東京支店は、規模も大きく、本社や各役員がかかわることも多いため、現場とのつなぎもしっかりでき、参謀機能を得意とする、近ごろ自分の軸を持ちはじめた津田が就任することに決まった。

植藤の大阪支店長就任が決まるとすぐに、亜子も大阪支店の支援に入ることにした。

亜子は、植藤とは1年間勉強会の中で、経営マネジメントの基盤となる、強みや母性性と父性性の機能バランスは把握できていたので、うまくいく可能性は高いと思っていた。就任が決まった時点で、すぐ電話をしておいた。

「植藤さん、いよいよ大阪支店の改革ですね。私も大阪出身やから、大阪の企業が元気になるのはうれしいいし楽しみ」

「篠田さん、こちらこそ、よろしくお願いします。いや、僕も大阪に家があるのでうれしいんですが、大阪は結構大変だと思いますよ。根深い問題が隠れているような気がします」

「もしや、パンドラの箱を開けることになるかもね」

「これマジですが、その可能性ありありです。でも、誰かが開けないとね（笑）」

「そうですねー。じゃあ気合い入れてがんばりましょー」

「がんばりましょー」

植藤は就任してすぐ、部長・課長までの面談を1か月間で実施した。

大阪支店はこの3年ほど部長や課長の異動を行っていないので、業績低迷の背景や組織の状態などは、彼らが把握しているはずだ。面談が終わったと植藤から連絡が入り、亜子は大阪支店を訪問した。

大阪支店のビルの受付から電話をすると、奥田という総務で働く女性が丁寧に案内をしてくれ、応接会議室に通された。しばらく温かいお茶を飲んで待っていると、植藤がニコニコしながら会議室に入ってきた。

「篠田さん、待ってましたよ。いやー、やっぱり大阪は結構厳しいですよ」

「やっぱり、そうかあ。じゃあ、早速現状共有しましょう」


亜子と植藤は、まず、大阪の現状を共有することから取り掛かった。大阪支店は、社員が約140人で、ここ2年ほどで業績がかなり落ち込んでいる。もともとは大阪が創業の地だが、今は本社を東京に移し、事業を拡大している。

亜子は植藤から、創業期からの歴史や過去に起こった出来事、その背景について聴いた後、今起こっている問題や原因、そして課題などを話し合い、植藤が想い描く、大阪支店のありたい姿の言語化を行った。

大阪支店で起こっている現象としては、受注率が昨年対比でも80%と落ちており、古い付き合いの顧客においても競合他社に奪われ始めている。営業は、受注率を上げるために見積もり額を下げる対応をしているが受注につながらない。つながったとしても、利益が出ない。さらに売上をつくるために、営業が走り回るが、部門間の情報共有が不足しているため、図面の手戻りや工場の加工ミスなどで納期を圧迫し、トラブルが多発していた。

植藤は亜子に、面接の感想を話してくれた。

「部課長のモチベーションはガタ落ちでね。技術部の牛丸太以外の部長はかなり負け癖がついちゃってるんだよ。加えて、考え方が古く、固定概念が強い。困ったことに、その部長たちは、自分たちの支店が赤字なのは言いたい放題のモンスター顧客のせいだと僕の前でも話すほどだからね。こりゃ、赤字になるわけだと思ったよ」

受注が思うようにできない中、顧客からのクレームに追われ、仕事をさばいている状態であり、社員は自信を無くし、やりがいも感じられず、自己肯定感がかなり低い組織になっていた。

亜子は、植藤に、

「部長がそんな状態だと、組織の中は居心地が悪いでしょうね。安心して働ける環境や、自己肯定感を上げるしくみを入れないと、社員はつぶれちゃうかもしれないなぁ。みんな、毎日辛いだろうねぇ」

「うん。そうだね。こんな状態の中、みんな踏ん張ってくれてるんだが、限界が来そうだよ」

亜子は、植藤と相談し、まずは、全社員に対して、この状態を打破する改革の方向性を発信することに決めた。

大阪支店の全社員に向けて、改革キックオフミーティングの案内メールを総務部の奥田が送ってくれた。


当日は、100名ほどの社員が参加し、植藤が全社員に向けたメッセージを発信した。

「これからわが社は、ゼネコンの下請けではなく、建設サービス業に変わる必要がある。赤字で苦しんでいる今だからこそ、我々の事業の原点に立ち戻り、本質的な価値の見直しと、顧客に対する提供価値を新たに創造する仕事のしかたに変えよう」

植藤のメッセージを聴いている社員の表情は固く、あまり元気はなかった。植藤は、亜子をこれから一緒に改革を進めるプロセスデザイナーとして紹介した。

亜子は、元気に挨拶をし、自己紹介をしながら、ひとり一人の目を見て表情を確認していた。亜子が、面白おかしく自己紹介をすると、皆の表情は徐々に崩れ、笑顔がちらりとこぼれる社員も出てきた。

キックオフミーティングは最初の1時間ほどで終了し、最後に植藤が全員に対して、「一緒に考え、改革を推進してくれる仲間を募りたい。もし賛同するならば、この場所に残ってほしい」と伝えた。

亜子は、キックオフミーティングが始まる前、植藤に対して「新しいトップが就任してすぐのプロジェクトに入っておけば評価され、自分の身は安心だと思って手を上げる社員もいるだろうが気にしなくてもいい。その気持ちもよく理解できるし、参加しながら主体的になるケースもあるから大丈夫。まずは土壌づくりを行うので、多くの人が出入り自由で参加し、そのプロセスの中で、コアとなるメンバーを増やし、改革のシナリオを考えていこう」と伝えていた。

結局、残ったメンバーは30人ほどだった。その後1時間ほど、残ったメンバーで、手を挙げた理由や、期待をひとり一人が話し、植藤のメッセージについて、大勢の前では質問できなかった内容や、現状などを共有し、その日は解散した。

その後、タバコ部屋で営業部長と購買部長が話をしていた。

「これは支店長肝いりプロジェクトやろ?いやでも部長は参加しなあかんやろ」

「でも、業績悪いし、ほんまはのんきに、こんなとこで話しとる場合やないやろ」

「まあ、いつものパターンで、また何となく終わるんちゃう？」

「とりあえず最初は出とこか」

技術部の牛丸太部長は、隣でタバコを吸いながら、その話を黙って聞いていたが、

「今回の、植藤支店長はちょっと他の支店長とは違うな。粘り強そうだし、そう簡単にはあきらめない感じがする」と心の中で感じていた。

え？ 会議全部やめちゃうの？

植藤と亜子は、早速、前回手を挙げた社員を集め、半日かけてオフサイトミーティングを実施した。最初の2回ほどは、ジブンガタリやオモイガタリなどを行い、お互いの関係性を構築するところからスタートした。次に、各職場の現場や実態について、それぞれがおかしいと思っていることや、モヤモヤしていることを共有し、自分たちの職場や仕事のしかた、組織の実態などの認識合わせを行った。

牛丸太技術部長は、最初から参加メンバーの話をよく聴き、部長という肩書を外しながら、一緒に話をしていたが、その他の部長はジブンガタリまでは楽しそうに話をしながら参加していたものの、2回目以降は業務が多忙だという理由で参加ができない状態

になった。

しかし、その他の参加者にとっては、部長がいなくなったことで、対話がしやすくなり、その場の安心感は高まった。今起こっている問題や原因、課題など事実情報がかなりリアルな内容に変わり、お互い本音がどんどん出てくるようになった。

2課の飯田営業課長が、「ここだけの話にしてくださいよ」と前置きをして話し出した。

「僕は、こんな時だからこそ、外に出て営業をしたいんですが、赤字対策の会議がやたら多く、今週なんて、ずっと会議の資料作りで外出できない状態なんです。部長からは、〝数字出せ、資料作れ〟と言われるんですが、最悪なのは、準備した会議資料を、〝結局使わんかった〟って言われて。どんだけ人の時間使うとんねんって。あっ、ここだけの話にしてくださいね。僕、子ども、まだ小さいから、この会社辞められへんから」

場が笑いによって緩み、技術部の若手社員の元木が続いて語り始めた。

「僕はね、まだまだもっと技術力を磨きたいんです。もっと会社や世の中に役立つ技術を学びたい。現場を知りたくて、営業の方と一緒に現場に行かせてほしいと言っているのですが、行く時間が確保できないんです。毎日、現場や営業から図面の修正がきて、ほんと手一杯です。営業担当も忙しいんだとは思いますが、もう少し現場の情報を集めてくれると、図面の手戻りが少なくなるんですが」

それを聞いた技術部長である牛丸太が、

「すまんな、元木。俺も半年前に名古屋から転勤してきて、大阪の会議の多さにびっくりしたよ。俺が会議で離席してるから、図面の確認やアドバイスが十分にできていないのも影響しているな。もっと元木に現場に行かせてあげたいんだが、組織体制や育成環境も含めて課題がたくさんあるな」

元木は部長に対して優しく答えた。

「牛丸太部長は、あんなに会議が多いのに、できるだけ席に戻って時間をつくろうとしてくれていますし、声もかけてくれている。僕がもっと技術力があれば済む話なのかもしれません。僕はもっと仲間にも貢献したいのに、日々忙殺されている自分が悔しいだけなんです」

「半年でだいたい部門メンバーの技術スキルがわかったから、今年度は、仕事の振り方も工夫出来そうだし、組織体制をもう少し小チームにするなど整えて、現場に足を運べる体制をつくらんとな。そのためには、営業との最初の情報交換を綿密にして、手戻りのない図面をつくることが大切なんだけど、営業部の仕事のしかたも絡む課題なので部長と話さんといかんな」

亜子は、マネジネントスキルが高い牛丸太技術部長に大きな期待をしていた。牛丸太は名古屋から異動してすぐに、部員の技術や強み、特性などをしっかり把握し、組織課題も明確につかんでいた。遠山社長は自分が技術畑出身ということもあり、もっと技術力がある会社にしたいと考えている。ここ数年、毎年技術系の新入社員を10人ほど定期的に入社させ始めていた。そのうち、大阪には3人ほどが毎年配属されている。牛丸太部長は名古屋で優秀な技術者を何人も育ててきた。牛丸太の強みは、部下の強みを引き出し、一人前になるまでのキャリアビジョンを共に相談しながら作り上げられることだ。キャリアを自分で考え選択する。そこに、牛丸太が少しストレッチした目標を提示し、お互い合意ができるという期日を決め、それに向かって日々切磋琢磨する。

牛丸太は技術畑では珍しく、受容力もあり、目標設定をしっかり持たせるという母性性と父性性の機能バランスが良いリーダーだ。自分の子どもを育てるように、相手の成長スピードを見ながら、丁寧に目標設定を合わせていける。彼に育てられた優秀な部下の一人は、本社の技術開発部に異動し、今では技術開発の中心として活躍している。牛丸太は、いつか、その部下と一緒に商品開発をしたいと考えていた。一方、大阪の技術部はなかなか人が育たないという課題を抱えていたため、遠山は、牛丸太を名古屋から大阪に異動させたのだ。

名古屋には、NO．2が育っていたため、彼は喜んで大阪支店に異動してきた。元木は、牛丸太が上司になってからかなり成長した。もともと向上心があり、物事をはっきり言うまじめな性格なので、前技術部長の時代から技術力不足や今の仕事のしかたに対して要望を上げていた。しかし、前技術部長の口癖である「仕方ない、我慢しろ、それは以前からそのやり方なんだ」という言葉の連続にうんざりしていて、牛丸太が異動してこなければ、転職も考えていたくらいだ。

牛丸太が着任し、全員面談を行った後、技術の的確なアドバイスと付加価値を出す仕事のしかたに、元木はやりがいを感じ、見違えるように技術力を身につけ始めた。しかし、他の部員には、今までの習性である、言われたことだけを図面にするという思考行動様式がまだ残っており、営業の情報不足も重なり、図面の手戻りが激減するまでには至っていなかった。

工事管理の丸山課長が1時間ほど遅れてオフサイトミーティングに参加し、遠慮がちに話し出した。

「工事管理の話もしていいですか？近年、ゼネコンの施工管理スキルが落ちてきてね。俺たちにその分の管理能力が求められてる。今、施工現場がうまく進まない理由は、営業が現場の情報を把握しきれていないこともあるけど、ゼネコンの教育が間に合っていないことも影響している。施工変更があった時に、対処方法が悪くて、優先順位をつけられないし、経験がない社員が対応していることも多くて、時間が読めない。結果的に、俺たち現場管理にしわ寄せがきているという状態なんだ。今週なんて、今日しか事務所に戻ってこられない状態だしね。改革に参加したい想いはあるんだけど、このミーティングに参加するのもかなり厳しくなっている状態で。現場は協力会社と一緒に考えていかないと。ゼネコンに頼っていたらダメだわ」

亜子は、丸山がいいポイントをついているなぁと思い、

「それ、良いですね。協力会社と一緒に変えていく、その線で何かできないかぁ」

「え？協力会社？」

「そうそう、それ、大切なポイントですよ」

「そうか、ちょっと考えてみようかな」

「ええ、是非！」

しばらく黙って話を聴いていた植藤が頷きながら、

「さっきの会議の話だけどね。僕もね、大阪に就任して会議の多さにはびっくりしたんですよ。参加してみたんだけど、経過報告と過去のデータの根拠の説明と、目標からどのくらいブレているのかの数字合わせをしているだけなんだよね。その数字予測もあまり実態が見えていないので、意味がないんじゃないかなぁ」

「そうなんですよ、時間がもったいなくて」

すると、植藤はニヤッと笑いながら、

「じゃあ、思い切って、いったん、大阪支店の会議を全部やめてみたらどうでしょう？　1か月間でいいと思うんです。本当に無いと困る会議ならば、1か月後にもう一度話し合って、もとに戻せばいいですし」

参加していたメンバーは、一瞬驚いて目を見張ったが、「そんなことは可能なのか？」と声をあげながらも「やってみましょう」と答えていた。

厳しい顧客の声から見えた2つの課題

そして、植藤は本当に次の週から、月1回のオフサイトミーティング以外の会議は全てやめてしまったのだ。

オフサイトに参加していなかった部長層には、植藤から直接、会議を1か月やめる目的と意図を伝えた。部長たちは、驚きと多少不満そうな顔をしながらも、最終的には納得してくれた。

その後どうだったのかというと、結果的に困ったのは、情報が入らない部長だけで、他の社員は何も困らなかった。皆が時間をかけ一生懸命資料作成や準備を行っていた会議は、部長が欲しい情報を共有するためだけの時間だということが判明したのだった。

しかも、トップの植藤が「その情報を欲しい」と言っているわけでもなく、その会議の内容から適切な対策が打たれていたわけでもなかった。

植藤は部長層に対し、こう伝えた。

「そういった情報収集はね、日ごろ部下とコミュニケーションを図っておけば把握できるし、対話の質を上げてもらえばいいんじゃないかなぁ。あと、数字や状況を共有するには、特に営業は日報や週報があるから、ちゃんと書いてくれてるよ。僕は、毎日読んでるんだけど、だいたい何が起こっているのかはわかるから、今日からやってみたらどうかな。それから、今後、部長の仕事は、数値管理だけではなく、部下が仕事で能力を発揮し、活躍できる環境としくみを作ることへの優先順位を上げてほしいんだ」

部長たちはバツの悪い表情を浮かべ、渋々ながら了解した。

部長に対する進捗・報告会議はなくなり、明らかに部長が席にいる時間も増え、各部のメンバーも会議に使っていた分の時間の余白はできた。しかし、時間の余白は業績を黒字にはしない。その時間で何の価値を生むのかを考えることが必要だった。

亜子は、そろそろ、お互い安心して言いたいことが言える関係性づくりや、想いの共有や現状認識合わせなどの安心・安全の土壌づくりから、具体的に改革のテコを見つけ、仕事のしかたや、マネジメントに手を打つステージになったことを植藤に伝えた。

まず、大阪支店の大きな問題としては、仕事の流れが安定していないことだ。

その原因の一つとして、最初の工程である営業の仕事のやり方が、個人商店的でバラバラであるということがかなり影響している。工程の流れも納期設定も人によってばらつきがあり、書類などの記入モレや記入ミス、受付〆切などの期日を守らないことも頻繁にある。その仕事のやり方が後工程の営業事務や技術、工場に対し、仕事の手戻りを発生させ、モノの流れを停滞させるボトルネックになっている。

次に、工場は、リース資材の加工や修復の工程や品質の改善が遅れており、納期が安定しない。在庫管理も営業がバッファーをもって仮押さえをしてしまうため、リアルタイムに在庫が見えない状態で、基本生産計画も場当たり的になっていた。工場はコストセンターとして、かなり待遇や賃金を切り詰めた時期もあり、人員不足や人材が定着しないことも影響している。

そういった背景もあり、営業と工場は納期や品質で対立し、大きな部門間の壁を作ってしまっていた。

さらにもう一つの問題として、顧客から信頼を失っているということだ。植藤が大阪に就任する前に、原材料の価格が大幅に値上がりをした時期に、競合他社は組織体制を固め、購買力で価格をコントロールし、全社戦略で原材料の価格は上げずに踏ん張った。しかし、東野株式会社は支店がバラバラの施策を打っていたため、赤字で苦しんでいた大阪支店は、資材価格を上げた見積もりで納得してもらうという作戦を取ってしまった。そういった情報はあっという間に大阪の業界内に広がり、顧客が競合他社に流れ、今まで必ず名前が挙がっていた大規模案件にも声がかからなくなってしまった。結果、受注額と率が下がり、業績をますます圧迫したという苦い過去がある。

植藤は大阪に就任し、部課長の面談後に、顧客へのあいさつ回りに行った。今の大阪の赤字の原因は何かを探るために、顧客1社1社のトップと会い、自社が顧客にとって役立っていることと、もっと役立てること、さらに自社の課題や問題などの苦情をあえて聴くことにしたのだ。

顧客は、最初は口を揃えて「よく、やってくれていますよ」と言っていたのだが、植藤が真摯に「我が社の成長のために、課題を教えてください」と尋ねたところ、かなり厳しい内容の返答が出てきた。

「原材料が値上がりした時、安易に値上げをしたのはあんたんとこだけや。企業努力が足らんのんちゃうかと思われてもしゃーないで」

「おたくの営業の提案はいつも同じ。他社はもっと、おもろい提案してくるで」

「納期が不安定でいつも遅れるんよ。〝在庫がいつ入るかわからない〟とよく言われるけど、ちゃんと管理しているの？」

「この間、工場から出荷された資材の品質がびっくりするほど悪かった。いくらリースやゆうても、あんな傷ついた商品出して、あれは、うちを馬鹿にしているのかと思うくらいやったよ」

「御社は言われたことを図面にするだけ。他社はもっと技術や施工方法、工夫してるよ」

「今の営業マンは、あまり営業に来ないし現場の知識がない。おたく大丈夫？」

など、どれも耳が痛すぎる内容だった。


現状を知るにつれ、植藤はさすがに頭痛がして気分が悪くなってしまった。その後、亜子はすぐに植藤と会い、顧客フィードバックの共有を行った。

「ひゃあ〜なかなか厳しいご意見ですねぇ。かなりの本音を話してくれましたから、まあ改革のヒントが沢山もらえたということで感謝かな。ちょっと吐きそうだとは思いますけど（笑）」

「ここまで言われるとさすがに、落ち込むね」

「課題は2つかなー。1つは提案力、質と価値を上げること。2つ目は業務プロセスですね。仕事の流れの滞りをなくすことと、工期、納期・品質・安全あたりの課題は大きそうだなぁ。一気にそこがさわれる改革のテコが無いかなー」

「改革のテコ？」

「はい。改革する上では、今の事業をどのような事業にしたいのか、そして、今の組織をどんな組織にしたいのか。事業と人・組織を同時にありたい姿にシフトするための改革のテコとなるものが必要なんですよ」

「なるほど、テコね。それは面白そうだね」

「1つ目の提案力は、事業価値でしょう？2つ目の業務プロセスは、仕事のしかたや組織力の価値なんですよね。それを一緒に変えられるものやコトなんですよー」

「篠田さん、大阪はここ数年、あまり深く考えず場当たり的な戦略や対応をする傾向があることが、今の話でよく分かった。これは、もう一度、事業の原点に立ち戻り、自分たちの事業の価値や仕事のしかたを見直す絶好のタイミングなんだよねえ」

「確かに！原点に立ち戻りましょ！」

悔しさから生まれた改革の原動力

植藤と亜子が改革をスタートさせて3か月が過ぎたころ、工場に対する大きなクレームが入ってきた。そのクレームの内容は、工場が出荷内容のチェックを怠ったことが原因ということになっていた。かなり大きなクレームだったこともあり、亜子は報告書を見せてもらった。

報告書の内容に少し違和感を持ち、工場の担当者から事実情報を確認したところ、その日、営業マンから電話で一方的に短納期の発注オーダーが入り、「書類は後で送る」と言われ、しばらくして送られてきた書類は必要項目の記載漏れが多々あったものだった。

その時期、工場は出荷がピークで、かなり無理な納期でもあり、困った工場担当者は協力会社にお願いし、納期ギリギリで出荷を終えた。しかし、現場に到着した資材はサイズと型が合わず、結果、納品しなおすことになってしまった。工場の担当者は、電話で現場の顧客と営業から鬼のように責められ、文句も言えず、その対応に追われ、他の出荷納期もより厳しくなってしまったということだった。

亜子は、これは、工場だけの問題にしてはいけない内容だと判断し、植藤に「そろそろ営業と工場の業務プロセスを触りましょうか」と相談した。また、上杉工場長からは、今までのトラブルの内容一覧を見せてもらった。

報告書の内容だけでは、前工程のプロセスや背景などが見えず、実際起こった工場のミスしかわからない。全体の工程の中で何が起こっているのかを見えるようにした方が良さそうだと判断した亜子は、植藤と上杉に、営業と工場の話し合いの場を持つ必要性を伝えた。

「さすがにこんなにトラブルが多発しているのであれば、一度、営業と工場の間で、工程の見える化と課題共有をした方が良さそうですね」

植藤は、ちょっと間をおいてから、亜子の提案に対して答えた。

「そうだな。そろそろ、本丸の2部門を集めて、話をする時期になったかもな」

「そうだ！工場長。工場は窓口の方と現場担当の方も、営業は担当と営業事務の方が入った方が良いですよ。購買も入った方が本当は良いんだけど。まずは2部門かな」

上杉はしばらく考えていたが、覚悟を決めたように、

「そやな、わかりました。工場のメンバーには俺から伝えときます」

しかし、亜子は、よく考えると、工場のメンバーが急に営業に対して議論ができるだろうかということが気になり、上杉に確認をした。

「工場長。工場では、こういった話し合いを今までやったことありますか？」

「いやー、現場ではほとんどないね。他部門の打ち合わせもほとんど俺が出てます」

「やっぱりそうかー。であれば、まず工場だけで話した方がいいかも。事例や現状などを共有する場を作りませんか？そうだ、その時に、工場長から、工場がこれからめざす方向性についても話した方がいいんじゃないかな」

「えー？めざす方向性でっか？今までそんなん考えたことないわ……」

「じゃあ、今から話しましょうよ、3人で」

上杉と植藤と亜子は、工場のありたい姿を3時間ほど話し合った。上杉の心の中に眠っている熱い想いや、悔しさなども引き出しながら、上杉が本当に実現したいと思っている〝めざしたい姿〟を言葉にすることができた。


1週間後、上杉工場長は、これからの工場のありたい姿を、まずは工場のメンバーに伝えることから始めた。

「俺は、これから在庫の見える化と納期短縮、品質維持など改革を行い、コストセンターからプロフィットセンターにすることををめざしたいと思っている」

話が苦手な工場長は、汗をかきながらも一生懸命に工場の方向性を伝えた。

それを聞いたメンバーは、どよめきを隠せず、さまざまな声を上げはじめた。

「そんなん、ほんとにできます？」

「無理ですよ、そんなん。俺たち今までどんだけコストカットされてきたか」

「それに、今まで工場が主になって何かやったことなんてなかったのに、他の部は動いてくれますかね」

ほとんどのメンバーが疑心暗鬼で不安な様子だった。

さらに工場長は、自らの想いを熱心に語った。

「でも、みんな悔しくないんか？今まで、俺らはコスト扱いされてきたし、トラブルが起こったら工場の責任にされてきた。それは、俺たちが何にも言えんと、受け身だったからやないんか。俺は悔しいよ。この間、〝どんな工場にしたいんか〟って、訊かれたときに最初は答えられんかった。自分の中であきらめてたんやと思う。でもな、支店長と篠田さんと話していく内、自分が本当にめざしたい姿って、今の工場じゃないって思ったんや。せやけどな、俺がめざしたい姿は俺だけではできひん。俺たちはコストやない！俺たちが価値を生みだすんや」

今にも泣き出しそうな工場長の姿を見たラインのグループリーダーは、

「オレだって、悔しいっすよ。この間のトラブルだって、なんも言えんかったけど、そんなことが本当に実現できるなら、オレやってみたいです……」

「他のみんなはどうや？一緒にやってくれるか？」

しばらくメンバーは考えていたが、

「まあな。今、最悪やし、今より悪くはならんやろし、やるしかないか」

「私はやってみたい、やってみようよ」

黙り込んでいるメンバーはいたが、工場長は最後に、

「そうか、ほんまありがとう。やれるかどうかはやってみなわからんけど、次のオフサイトミーティングで、営業部門に俺たちの想い、めざす姿を話してみようと思っている」

後日、上杉工場長から、「自分の想いを伝えることができ、みんなからも素直な気持ちが聴けた」という報告を受け、植藤はホッと胸をなでおろした。


亜子は、その後、上杉工場長と工場のメンバーとで具体的にどのような工場になるのかなどを話し合い、2週間後、営業とのオフサイトミーティングに臨んだ。

ミーティングでは、上杉が緊張した面持ちで、工場の改革の話を営業部に伝えた。「めざす方向に近づくためには、皆さんの部署の協力が必要だ」という言葉で締めくくると、営業部のベテラン社員が意見を述べた。

「工場が改革を進めてくれることは、営業にとってはとてもうれしいことや。ぜひ協力したいが、営業の考え方を変えないとな。納期短縮についても、営業の仕事のしかた次第で、無理な納期をさらに押し込んでくる可能性もあるしな。僕は協力できても、他の営業マンが仕事のしかたを変えられるか、納得するかどうかはわからんな」

工場事務の女性は、少し苛立ちながら、

「営業の人は、今ある規定やルールを守ってくれないし、書類もちゃんと書いてくれません。未完全な書類がどれだけ私たちの仕事を煩雑にしているのかをわかってほしいんです。特に搬入する時に必要な書類が添付されていないことが多いです。それで出荷するのが遅れたケースは多々あります。工場は、営業部から提出される書類などの記載漏れが減る、ルールが守られるだけでも、かなり生産性は上がるはずです」

改革の事務局で総務の奥田が落ち着いた口調で、

「私は工場も営業事務も経験したから、その気持ち、とても分かる。本当に、管理番号がないだけでも、調べるために書類が止まっちゃうので業務が煩雑になる。でも、一方で、その書類そのものの見直しが必要なのかもしれないね。いらない書類もあるかもしれないし、営業が営業に集中できる環境をつくってあげることも必要だよね。業務プロセス全体で生産性が上がることを考えながら、仕事の工程やルール、書類自体を見直してみますか。これ、多分、ここ15年くらいはやっていないよね。システムが変わってから、その後、見直していないと思うけど」

工場の物流担当をしている女性が、

「あ、私も前から、これ必要かなーと気になっていた書類があったんです。見直しをしてみようよ？私も手伝います」

さらに亜子が付け加えた。

「書類の改善や工場が改革するとなると、営業の仕事のしかたの見直しも必須ですね。工場の改革が進み、納期や品質が安定すると、生産計画が立てやすくなるし、営業マンが今、個人のやり方で進めている仕事のしかたも、具体的に見直しがしやすくなるから、同時に進めていきましょうか」

営業部の飯田課長が、

「これは結構大変なことだとは思うけど、営業部もこの際手を付けないとだめだな。一気にやるのはリスクがあるから、課長でまず集まって相談してみるよ」

亜子は、飯田の発言に助けられた。

「やるなぁ、飯田さん、それはめっちゃいい流れですね。課長同士なら、現場が良くわかっているし、現状の共有と仕事のしかたの流れも整理できる」

「いつかはやらないとだめだとは思ってたんだけど、ついにその時がきたかって感じだな」

営業が動く！飯田の発言に、植藤や亜子は改革の足音が聞こえてきたように思えた。

その後、仕事全体の流れを共有し、トラブルの発生内容と原因、さらにその背景にある、無理な仕事の進め方やそれを邪魔しているルールなどを話し合った。

こうして、総務の奥田を中心に、営業事務と工場事務での仕事の工程とルール、書類の必要性と内容を見直すプロジェクトが立ち上がり、飯田が営業部の課長を集め、自分たちの業務プロセスを見直す場をつくることになった。

その日のオフサイトミーティングで、工場が守りから攻めに転じ、めざす方向性を共有したことで、営業も間接部門も巻き込んだ、業務プロセス全体の流れを見直すきっかけをつくることができたのだ。

女性参謀の登場

営業・間接部門・工場と、業務プロセスの流れとつなぎの課題は明確になってきたが、事業課題を解決するには、部長層の協力やつながりがないとなかなかできない。トップダウンで何かを指示してしまえば、結果的にはやらされ感も出てくる、そしてまた、言われたことをひとまずやりこなすことを繰り返してしまう。植藤はもともとトップダウンが苦手でもあり、部長層に対しては、どうしたものかと考えていた。

建設業界は、日本型企業の典型で、縦割り組織が多い。部長のマネジメント采配によっては、部門の壁を高くし、連携が取りづらくなる。今回の改革プロセスの中で、その部門の壁をひらりと飛び越え、部門間の問題を解決する動きを作ってくれたのが、工場のオフサイトミーティングで発言した奥田祐子という女性だった。奥田は一般職として入社、最初は営業事務に配属された。その後、工場の事務に異動し、現在は総務にいる48歳のベテラン社員だ。

奥田は人のうわさ話を好まず、好き嫌いで物事を判断しないという真摯な態度で仕事を続けてきた。問題意識が高く、自ら解決に向けて動いてくれるため、総務でも信頼は厚くとても頼りになる存在だ。部長など管理職は、奥田と同期か後輩であることが多いため彼女には頭が上がらない。また、この会社の女性としては珍しく、部門の異動が多く、営業と工場、管理部門の仕事の全体の流れを理解している。世話好きであることも影響して、各職場の問題や悩みなどを若手から相談されることもあり、実態をつかんでいる。奥田の最大の得意技としては、社歴が長く、工場や総務を経験していたので、全国の各部門に人のネットワークを持っていることと、彼女にとっては部門の壁や上下のヒエラルキーもないため、仲間のため、組織のため、顧客のためになることを遠慮なく言えることだ。

亜子は、営業と工場の話し合いの前に、奥田とゆっくり話す機会を設けていた。

亜子が受付から電話をすると、いつものように奥田は明るい笑顔でやってきて、亜子を会議室に通してくれた。

「篠田さん、今日はお話できることを楽しみにしてたんですよ。実は、私は、最初から大阪の改革に興味があったんです。今まで私自身、いろんな部門に異動した経験があるので、以前から、この会社の組織や仕事のしかたに違和感を持っていたんです」

「なんと！そうなの？今日は、奥田さんから見えている問題や課題など話そうか！複数の部門の異動をしたことは奥田さんのすっごい強みだね。大きな仕事の流れが見えているから、きっと、組織の壁を越えた業務プロセスの改革に活躍してもらえそう」

「そうですか？今まで、私は異動が多いことがコンプレックスだったんです。自分なりに一生懸命仕事をしてきたのですが、実はあまり自分に自信がないんです。篠田さんに異動してきたことが強みだと言われて驚きました」

「業務プロセスを改革するには、全体の仕事の流れを見る力が大切だからね。技術や購買に所属したことがなくても、営業と工場事務の経験で、現場の仕事の流れが把握できているし、総務の経験で、大阪支店全体の動きや規定やルールの流れとかも見えてるでしょ？」

「確かに、総務に来た時点でも、現場の仕事の流れがわかってたから苦労しなかったな」

「でしょ？どこらへんで仕事が停滞しやすいとか、どういったことが起こりやすいとかも、イメージできる？」

「はい。なんとかイメージはできるとは思います」

「じゃあ、業務プロセスの改善については、各部門のサポートをしてもらえるかな？」

「もちろん！やりたいです」

「それからね、奥田さんには、植藤支店長の力になってもらいたいの。参謀のような存在のことね。トップの参謀は奥田さんのような人が向いてるんよね」

「参謀というのはどういった役割ですか？私なんかにできるかな？」

「参謀の役割はね。1つ目が、トップの考えがみんなに伝わるように、考えの背景や目的、意図なんかを補足したり、奥田さん自身の言葉で伝えてあげる翻訳機能ね。2つ目は、奥田さんは、いろんな人から相談されたりしてるので、現場の事実実態や生の声が入ってくると思うの。それを、偏らず多面的に見て実態をつかみ、上手にトップに伝える機能ね。

3つ目は、部門の壁を取っ払ってつなぐ機能。特に、部門間には、誰が拾うかわからない→お見合いする→結局、誰も拾わない、いわゆる「三遊間のゴロ」のような問題が起こりやすいでしょ?奥田さんにはそのボールを拾って、みんなに教えてあげてほしいのよ。業務プロセスを改革するには仕事の流れだけではなく、実はこういった組織の壁が悪さをしているケースがあるんだよね。それを解決できる人やコトをつないでもらいたいんよ。

あの鬼瓦権蔵のような部長さんたちも、経験豊かな奥田さんが、じっくり話を聴いてくれたら、ついポロリと本音が出ちゃったりするやん?そんな本音から、今まで表に出ていなかった問題や長年解決していなかったことが見えてくるわけよ。でも、どうしても男性同士だとプライドが邪魔したり、当事者同士では本音が話せなかったりして、行動につながらないことが多い。だから後ろから背中を押してあげたり、突き飛ばしたりしてあげてくださいな（笑）」

「3つの機能ですね。1つ目はちょっと自信ないけど、2つ目は自信があります。3つ目はできるかなぁ。部長とは確かに良く話をするけど、つなぐのかぁ。でも面白そうですね」

「良かった。興味を持ってくれて」

「いやいや、とても嬉しいですよ。植藤支店長とは、今まで一緒に仕事をしたことがなかったのですが、就任されてからの支店長の考え方や行動を見ていて、この支店長がトップなら大阪支店は生まれ変われる、と信じているんです。発想が柔軟で、ひとり一人の話をじっくり聴かれている姿勢は、今までのトップの方にはなかったと思います」

「そうやね。植藤支店長は、強いリーダーシップで動かすタイプではないけど、相手が動く環境やしくみづくりは得意だから楽しみやんね」


亜子は、企業の支援に入ると、トップの参謀機能になるコア人材を探す。トップと亜子はつながっていても、自分がいなくなった時を考えて、この機能を移植しておかないといけないからだ。今回の植藤は、比較的母性性が強いリーダーなので、強い父性性の参謀が必要となってくるのだが、奥田のように、部門を超えたつなぎのできる参謀がいると、植藤が意外と苦手な女性社員を始めとし表に出てこない事実情報を拾ってくれるため、状況把握が多面的にできるようになる。また、奥田のような女性は経験上、あまり建前やヒエラルキーなどの序列を気にせず、いくつかの部の経験もあるため、事実ベースでものが言える。そして、何よりも本人が主体的に改革に関わりたいと手を挙げてくれたため、この出会いは幸運だった。

パンドラの箱に入っていたモノ

業務プロセスの改革の体制もある程度動き出した頃、工事管理部の丸山課長が亜子に相談があると言ってきた。

「篠田さん、この間の報告会で、工場と営業との課題が見えて改革を始めたことは良かったんやけど、僕は工事管理だから、現場管理の品質が落ちていることが心配なんです。この間のオフサイトでも話したけど、品質を維持していくためには、やっぱり協力会社を巻きこまんとあかんのですが、どうしたらいいでしょうか?現場の施工は、一人親方みたいな強面の職人の集まりで、考え方も仕事のしかたもバラッバラなんですよ」

「職人さんの集まりか。なんか面白そうな親父さんの集まりなんやろね（笑）。例えばやけど、その協力会社の人たちは、1時間くらいでも集まることはできるの?もし、集まれるんなら、丸山さんが今感じている問題意識を伝えて、彼らがその問題をどうとらえているのか、どうしたいと思っているのかなど話し合ってみたらどうやろか?」

「えー、まじですか。結構ハードル高いな」

「うん、それは何となくわかるわ」

「でも、話さんと変わらんもんね。何人かの親方はとても協力的なので、1回相談してみようかな。また篠田さんに連絡するね。ありがとう」

「でも、やるなあ丸山さん。そこは禁断の垣根なんちゃう?それを乗り越えようとしてるんでしょ?ちょっとスリルとサスペンスな感じやけど頑張ってみてね」

「ひやー、スリルとサスペンスかいな。でもね、いつも僕らは、彼らに無理なお願いばっかりしてるんすよ。感謝も伝えたいし、ちょうどいいか。ちょっと怖いけどやってみます」

「困ったらいつでも連絡してね。一緒に考えよ」

「はーい。わかりましたー」

　丸山課長は工事管理の中でも、現場の職人にとても信頼されている。現場の不具合や、緊急事態が起こったときでも、丸山が担当だと、リスク回避が早く、的確なジャッジをすることができるので、職人も何とか納得して動いてくれる。亜子は、工事管理の質を上げていくためには、一度、現場の職人が日頃不満や疑問に思っていることを表に出すことは必要があると思っていたのだが、これは一つ間違えれば、パンドラの箱を開けることになり、丸山自身を追い詰めることにもなりかねない。そのくらい、現場は協力会社に対して無理な納期や施工をお願いしているのが実態だった。しかし、現場の実態把握ができている協力会社の意見を聴くことは、品質改善の一番の近道になると判断したのだ。

それから2週間後、丸山が亜子に連絡をしてきた。

「篠田さんにあの時相談してから、何人かの親方に相談したんすよ。で、集まってもいいんちゃうかってことになって、この間集まって話をしてみたんです」

「すごいね。みんな協力してくれたんや」

「そうなんすよ。結構遅い時間から始めたのに、みんな集まってくれてね。6人くらいかな。そんで、まずは、オフサイトで教えてもらった、お互いを知り合うために、個々のこだわりや、転機の話を最初にやって。あ、ジブンガタリね。それから、仕事のモヤモヤを共有したんですよ。いきなりみんなに話してもらうのもなんやから、僕がまず自分の想いや、今不安に思っている現状を話したんです。親方たち、ちゃんと人の話聴いてくれてね。それにびっくりやったけど。その後、同じようにみんなにジブンガタリとモヤモヤを話してもらったら、それからが大変でしたわ」

「え？収拾がつかなくなった？不満炸裂？もしや、胸ぐらつかまれたとか？（笑）」

「いやいや、それはないわぁ。それが、親方たちのジブンガタリがすごくて、仕事に対するプライドや想いがカッコよかったんですよ。家が大変な人もいて、奥さんが病気とか、子どもさんが登校拒否とか、ガンになったことがあるとか。それで、モヤモヤガタリは、毎日、あんなにきつい現場で働いているのに、すごく現場のこと真面目に考えてくれて、彼らがプロとして真剣に仕事に取り組んでいることが分かっただけでも、なんか涙が出てきました。今さら当たり前のことなんやけど、僕たちは彼らにもっと感謝しないとダメですよね。いやー、ちょっと落ち込むくらい考えさせられたな」

「彼らは何を心配し、何を見ていたの？」

「一人の親方が言うには、営業部の若手が受注した現場をやっていたみたいなんですが、たまたま営業が現場に来てたから、〝この施工方法だと1日では間に合わん、無理がある〟と若手の営業に伝えたら、〝え？今さらそんな事言われても困るし、まあ、やってみないとわからないしね〟とか言って、相手にしなかったそうなんです。あんなんやから、現場での変更が多いんちゃうんかって言われてしまいました。〝工事管理担当は、見る範囲が広すぎて、あの体制では無理やろ〟と、仕事のしかたにもかなり問題があると言っていました。実際、営業と工事管理の現場の情報共有も不十分やし、これは、社内の仕事のしかたを変えないとダメですわ」

「そうか、でも、しっかり話せたやん。良かったね」

「ドキドキやったけど、やってみて良かったわ。そんで、自分の部署でもやってみようかと思ったんやけど、今は現場に張り付いて戻ってこられない人もおるから、うちの部の人でまずは集まれる人と、親方と話したことの共有とかをしていこうと思っています」

「それ、いいね。その共有、めちゃいい。やれることからしっかり進めていこう!」

丸山はその後も、協力会社の親方と定期的に話をする場を作り、職場の仲間とも共有をし続けた。丸山が情報を共有し、間をつなぐことで、現場管理チームの協力体制が強くなるなど、少しずつ変化が見え始めた。

仕事の価値を高める〝7つの改革プロジェクト〟

植藤と丸山と亜子は、親方との会合で話された内容や現場で起こっていることを、毎月実施されているオフサイトミーティングで、メンバーとも情報交換を行った。

亜子は、各部門にコアメンバーが顕在化し、ある程度改革の土壌づくりも整い、業務プロセスの見直しや各部門の改善改革が進み始めてきたこのタイミングで、事業の付加価値を上げる体制やしくみが欲しいと思っていた。

そんな時、植藤が亜子に相談を持ち掛けてきた。

「篠田さん、仕事に対するモチベーションを上げる土壌づくりや、ある程度業務プロセスの改善は進んできて、部門連携も以前よりはましで、大きなトラブルも減ってきた。ただだね、自分から問題解決や価値を高める提案やアイデアは出てこないよね」

「そうですよねー。今まで荒れていた土壌を耕し、仕事の流れを整えるところまでは来ましたが、次は仕事の価値を高めるところにシフトする時期が来たかもしれませんね」

「やっぱりそうだよね」

「コアメンバーもやる気はあるけど、何やったらいいのかわからないのかもしれないなあ。自分のやりたいことや興味が、仕事の価値向上につながると良いんですけどね」

「各部のコアメンバーを中心に、改革を進めてほしいと思っているんだけどね。部長たちの頭が固くてね、全然その気になってくれない。これは結構深刻な問題でね。部門のトップが旧態依然では改革は進まないしね。そろそろ僕から部長層に話をしようと思っているんだ」

「むむむ？ 何を話すんですか？」

「今の業績は、我々の考え方であり、仕事のしかたの結果なんだ。その考えと行動を変えるために自ら部下をサポートするのが部長の役割なのだから、よろしく頼むよ…という感じで話そうと思っているんだが、どうだろうか」

「そうだなぁ。よろしく頼むよと言われても、部長の皆さんは、何をやったらいいのかがわからないのかも。部下がチャレンジできる環境とは、しくみとは何か？ ということを考えてもらいながら、まずは、コアメンバーが価値を高めるためにやりたいことを決めて、その応援をしてもらえるようにしましょう」

亜子は、一連の部長たちの反応は、遠山が役員に伝えた時と、全く同じ現象のようだと思っていた。あの時も総論賛成、各論反対だった。しかし、次世代リーダーが勉強会を実施することに関しては応援をしてくれたので、彼らはスムーズに自分の支店の改革を進められるようになった。今回も同様に、部長に何かをしてもらうのではなく、コアメンバーが自分で課題を設定し、それに向けてチャレンジすることをサポートしてもらう。それなら反対はしないだろう、亜子はそう考えていた。

「じゃあ、次回のオフサイトミーティングの時に、コアメンバーたちに自分で課題を見つけて、やりたいテーマを上げてもらうように伝えるよ。そのテーマがはっきりしたら、部長層にはそれをより応援するサポートすることをお願いすることにするか」

「その方が具体的だし、部長もサポートしやすいと思いますよ」

亜子は、植藤の強みは、誰に対しても、決して上から目線で話をしないが、言いにくい相手でも、伝えるべきことははっきり伝えるというスタンスだと認識している。母性・父性性の使い方をよくわかっているリーダーだ。そのスタンスは皆から信頼されている。

植藤が募ったところ、コアメンバーの中でテーマを自ら出してきたのは7人で、彼らをプロジェクトのリーダーとした。植藤は、リーダーたちと相談し、〝7つの改革プロジェクト〟と名づけた。各テーマを設定したリーダーは、自らメンバーを募り、チームを編成することができる。

7人のリーダーの中には、工事管理の丸山課長、技術の若手元木、技術のベテラン樋口、営業の飯田課長が入っていた。他にも、工場のグループリーダー、営業の若手社員、購買の中堅社員がテーマを上げてきた。

丸山は「工事管理の品質向上」、元木は「手戻りのない基本施工図」、飯田は「営業の業務プロセスの見直し」、工場の社員は「工場の品質向上と納期短縮」、若手の営業は「新システムの活用」、樋口は「ムダのない基本施工技術」、購買の社員は「タイムリーな在庫の見える化」と、さすがにオフサイトミーティングで全体の仕事の流れを見ながら、事実実態を把握し、組織課題を抽出してきただけのことがあり、かなり重要なテーマばかりが上がってきていた。総務の奥田は自らのテーマを上げてはいなかったが、7人のサポートを行うことにしていた。部長層に応援してもらえるようにバックアップを行ったり、各テーマで必要な人やコトをつないだりする役割は、奥田の強みを最大限に発揮できるものだった。

この7人のリーダーが決めたテーマに対する活動報告については、毎月定例で行っている土壌づくりのオフサイトミーティングの後に、大阪支店全体で、〝改革PJ共有対話会〟として実施することになった。奥田が事務局担当になり、植藤は、大阪支店の全社員に対し、この対話会には参加するように伝えていた。また、一方的な報告にならないよう、双方向で対話ができるような場を設計していた。

第1回目の共有対話会では、技術部のベテラン社員の樋口が、「ムダのない基本施工技術」について共有を行った。樋口は、2つの現場で、基本施工にかかる細かい工程や時間、あらゆる施工技術の比較と検証を行っていた。その検証はかなり細かく、どうやれば時間を短縮し、なおかつ、安全や品質を維持できるのかが克明に記録されていた。かなり専門的で技術部以外の参加者には理解しにくいものでもあったが、奥田やその他6人のプロジェクトリーダーが、樋口のフォローをするように補足をしてくれた。

そんな時、その報告を聞いていた、元部長で今は嘱託社員の一人が声を荒げてこう言い放った。

「この店は赤字なんやから、売上を取りに行くのが最優先な時に、こんなみみっちい検証をしている場合か！こんなことは1円の売り上げにもならんわ。それよりも粗利を高く取れる方法を考えんとあかんやろ」

場がピーンと張りつめ、樋口は下を向いたまま、黙ってしまった。

亜子は、黙ってその場を見ていたが、植藤が落ち着いた声で、その場にいる全員に伝えるように丁寧に話し出した。

「いいえ、このテーマは我々の事業の根幹の価値を高めるものです。どんなことがあっても、このテーマだけは継続してやってもらいたい。我々は、売上が上がらないと、すぐにどうやって上げたらいいかなど、手段の話ばかりをしてしまう。確かに今食べるための売上をつくることは大切だが、なぜ、長年赤字なのかをもう一度考えてもらいたい。我々が、今一度、事業の本当の価値を確認し、それを認識し、磨き高めていかなければ、この会社の未来はないとは思いませんか。だからこそ、こういった改革を今、行っているのです」

樋口は、驚いたような表情で顔を上げ、植藤を見つめていた。

いつも穏やかで、そこまで厳しいことを皆の前で言わない植藤が発した言葉に対し、嘱託社員は、周りを見回し、参加者全員が頷いているのを確認した後、

「……植藤君がそこまで言うなら、私が文句を言う立場ではないな。すまんかった」

そう言って、腕を組みながら目を伏せた。

その後、樋口はさらにヤル気が出たのだろう。フットワークも軽く、いくつかの現場で本格的に検証を行い、技術の見直しと商品開発にむけた検証結果を積極的に集め始めた。

それにしても、植藤はいつも安定している。この業界の慣習だと、OBの発言に対して、あたふたするケースもありがちだが、植藤は決して動じない。そのくらいこの改革が重要だと信じているのだろう。決して軸がぶれないマネジメントだ。植藤は、7つの

テーマが、彼らにとって、それぞれ自らを成長させるチャンスであると信じ、そのチャンスに賭けていた。

やっと見つかった改革のテコ

7人のリーダーのプロジェクトが動き出してから、半年が経った。樋口が中心に行っている基本施工技術は、検証しながら見直しが始まり、営業部の業務プロセスの見直しも、受注につながる部門連係に必要な会議の目的やタイミングの設定、情報交換のしかたなどが考慮され、工場や技術部なども巻き込みながら、変化が見え始めた。工場も、在庫のタイムリーな見える化が徐々に実現し、工程の見直しや定置管理、導線の見直しなどにより、納期が安定し始め、大きな品質トラブルも起きなくなっていた。

例えば、営業先から帰って来た営業マンが、これまでは、事務所に戻ると受注した資材や図面を技術や工場にメールで送っただけで放置していたが、今は、営業したその足で工場に向かい、技術部門のメンバーと必要なときは電話でやり取りしながら、もっと早く、良いものができないかといった具体的な話をするようになった。技術部も、必要であれば、現場に人を送り込むマネジメントを部長が率先して実践するようになるなど、工場の品質の低下や、施工図の手戻りが明らかに激減した。しかし、まだ赤字状態だ。

やはり受注率と粗利が低いのが原因だ。営業としては、すぐに価格競争に入ってしまう自分たちの立ち位置を変えたいと思ってはいたが、顧客に指摘されたように、提案内容が他社とあまり変わらない上に、商社をバックヤードに持っている競合他社とでは購買力で及ばず、見積価格ですでに負けてしまう、など課題は山積していた。

植藤と亜子はいつものように作戦会議を行っていた。

「篠田さん、各部門連係は取れてきているし、部門間の課題も改善してきている。さらには、次世代グループのリーダーも育ってきた。あとは、提案力を高め、受注を増やしていくことが最後の課題だよね」

「ええ、そこが業績回復のカギです。おそらく業務プロセスの前工程にヒントがあるんだと思いますが」

「そうだよな、受注ができていないことが問題だしね」

「知恵の集め方がポイントですよ。営業の個人商店的な動きは、提案に知恵が集まらないでしょ?」

「うん、確かに、知恵が集まるしくみかぁ……わかった!」

「なになに?」

「〝受注前検討会〟だ!」

「それいいかも!」

「案件が入ったら、すぐにやるんだ!そして、その検討会のやり方を徹底的に見直して、提案力を高めるんだ」

「その会議には、営業、工場、技術、工事管理、購買は必須ですね」

「もちろん!そこがポイントだよ!これから、大阪支店では、すべての案件において〝受注前検討会〟を実施する」

「やり方は価値が高まるポイントに絞ったほうがいいですね」

「そうだなー。うん!そうだ!その検討会の質問は4つだけにしよう。①品質の保証、②安全性の確保、③工程の短縮、そして、④我が社の付加価値をどこで出せるか」

「素晴らしい!改革のテコ、見つかりましたね!」

「ただ、これをやり続けるには、かなり力技が必要だ。僕はそこまで強引なマネジメントができないし、鋭い質問ができる人が必要なんだよね」

「もう誰を呼ぶか頭に浮かんでるでしょ?植藤さん」

「そう!堂脇だよ。堂脇!堂脇は僕の同期だし、僕が苦手なトップダウンと力技が得意だから、この検討会の立ち上げから入ってもらって、しっかり目的と価値を高めるやり方を定着させてもらおう。ある程度定着したら、彼には抜けてもらうよ。長期間入ると、ちょっと彼のロジカルすぎる強さは、現場を疲弊させちゃうからね（笑）」

「堂脇さんはいいですね。あの方はクレバーだから、こういった検討会の進め方はブレずに必ずやってくれますよ」

「なぜだか、僕は彼と組むと必ず上手くいくと思えるんだ」

「植藤さんは感性や創造性、アイデアの創出が得意で、堂脇さんはロジカルで理論的、お互い最強の補完関係ですもんね」

「彼にはいつもほんとに感謝してるんだ」


堂脇は本社の経営企画部にいる切れ者だ。頭がよくロジカルで、物事を的確に判断できる。皆にはあまり見せないがプライベートではとても優しく、料理が上手なジェントルマンである。しかし、とにかく仕事に関しては厳しい。

植藤は想いも強く軸はぶれないが、トップダウンで押し通すことや理論的に相手を説得することは、そこまで得意ではない。そこは、堂脇がダントツ得意なのだ。

ちょっと緩めると元の仕事のしかたに戻ってしまう。今の大阪支店の仕事のしかたを一気に変えるために、堂脇の力を借りるのは最適キャストだと亜子は思った。

大きな石を動かす時に、突破力が必要なときはある。

亜子は久しぶりに堂脇に会えることを楽しみにしていた。それからすぐに植藤は、堂脇を何とか期間限定で大阪に呼べないか、遠山社長に会いに東京に足を運んだ。


2か月後、亜子は堂脇と大阪支店で会うことができた。

「おー、久しぶりだね。篠田さん、元気だった？」

「おかげさまで元気ですよ。堂脇さんも相変わらずキレッキレの感じですやん（笑）」

「なんだよ、それー」

「相変わらずクレバーだなってことですよ」

「おっ、それはありがとさん」

「受注前検討会、これからが楽しみですね。頑張ってくださいよー」

「まかしとけって。俺、強引さだけは得意だから。ははは」

〝受注前検討会〟とは、営業が案件を提案する前に、各部の担当メンバーを集め、1案件30分で、4つの質問を徹底的に検討し、提案書の価値を磨きこむミーティングだ。どの案件に対しても行うため、案件ごとに担当者が変わり、結果的に一般から管理職まで階層に関係なく参加することができる。階層を超えた対話力はここ2年の改革で磨かれ、土壌ができているものの、今回のミーティングは時間も限られており、ある程度結果が求められるため、参加メンバーにとっては緊張感があり、真剣勝負の場となる。

スタート当初、堂脇も張り切りすぎたのか、かなり厳しい発言や追い詰める質問をしすぎて、皆、萎縮してしまったが、植藤が上手に会議の目的を繰り返し伝えながら、笑いをいれ、肩の力を抜いてもらうためのアクションを起こしたことで、次第に活発な意見が出始めるようになった。

〝受注前検討会〟が開始されて1か月後、明らかに議論の質が上がり、参加するメンバーの考える質が上がり、準備のしかたも変わった。当初は、用意された会議にちょこんと参加しているメンバーも多く、堂脇の鋭い質問に答えられず、困り果てていた。

しかし、4つの質問を繰り返していくうちに、脳のトレーニングのように、図面を見て考えるポイントが変わり、事前に準備する情報や内容も質の高いものに変わってきた。今では、堂脇の質問に対しても切り返すほどになってきている。また、4部門からほとんどの社員が入れ替わり立ち替わり参加するので、部門の中だけで育成するだけではなく、組織全体で成長支援を行うしくみになっていた。

亜子は、この変化のプロセスを見ながら、「これならうまくいく」と確信した。

結果的に、植藤はこのミーティングを1案件30分、1年間に渡ってやり続けた。なんとその総数は1300回を超え、日によっては、10案件をこなす日も続いた。参加メンバーは案件ごとに異なるが、植藤と堂脇のコンビは最初の3か月間、すべての案件に入った。

これこそ、仕事を通じて、ほとんどの社員が関わりながら、古い固定概念をぶち破り、新しい思考行動パターンを身につけていく訓練になった。

日々の検討会で、4つの質問を考え続けることは、すなわち、事業の本質的価値をどの案件に対しても議論しているということになる。毎日実践しているため、3か月くらいが経つと、ほとんどのメンバーに考える力がついてくる。そして、案件によっては10分で終わるミーティングも出てきた。最初は厳しかった堂脇も、2か月目の中盤くらいになると、黙って見ている案件も増えてきた。

参加メンバーの口からも、「なんで、最初からやらんかったやろな、この検討会」など、検討会の目的と意味、価値が実感できる声が出始め、社員の行動に変化が見えてきた。

3か月目が過ぎると、堂脇はほとんど会議には出ず、工場に入り浸るようになった。

数年後に工場に大型機械の導入を考えていたため、その準備もあり、工場で検証を行っていたのだ。

そして、〝受注前検討会〟の導入から4か月後、堂脇は本社に戻っていった。

植藤は亜子に、笑いながら堂脇のことを話してくれた。

「堂脇が〝これ以上いると現場が疲弊しちゃうから、この辺で本社に戻る〟と言って帰っていきましたよ」

「そういえば、昔、堂脇さんが、〝俺は、長い間、同じ部署にいたことがあまりないんだ。何かミッションがあって、その立て直しとかばっかりでね。まるで再建屋みたいだな〟って、笑いながら言ってましたよ」

「彼は、確かに、経営企画の時もそうだったが、重要ミッション担当だね。それ以外は、部下があまりいないところが多いけどね（笑）。でも、あいつの凄いところは、〝俺を上手く使ってくれ〟って、本人が言ってくれるところなんだよね」

「素敵ですねー。植藤さんが自分の得意なことと、そうでないことが良くわかっているからできることでもありますよね。今回は、ほんと抜群なキャスティングでしたね」

植藤は、大阪支店内には、今回に必要な強みと能力を持っている上層部がいなかったので、直接社長や本社に掛け合って、4か月間、このためだけに堂脇を送り込んでもらうように、東京本社まで足を運んで依頼していたのだ。

リーダーは自分の強みはもちろんだが、弱点を自覚しておくことが大切だ。そして、人の力を借りられることも、また才能だ。自分にはできないことを知っておく、そして、それを持っている人を見つけられれば、最高のキャスティングができる。植藤はリーダーの中でも、そのセンスが抜群にあった。

黒字を実現させた3つのサイクル

それから1年間、〝受注前検討会〟を継続した大阪支店は、見事、黒字にV字回復をすることとなる。

その勝因はシンプルなことだった。

人や組織の成長を軸に、❶全社員を巻き込んだ〝受注前検討会〟を徹底して実施したこと。事業の原点に立ち戻り、自分たちの価値とは何かを4つの質問で考え続けたこと。❷現場力や連携を高める「着工前検討会」でしっかり準備をし、工事の工程を守ったこと。❸終わった後にそのままにせず、「完成報告会」で振り返り、計画や工程は守られたか、顧客満足は得られたか、利益は得られたかを検証したこと。

各検討会を、3つのサイクルとして、日常の仕事の中に組み込むことで、社員は見る、聴く、考える、伝える、記録する力を身につけることができた。

また、本質的な問いを日々考えながら仕事をするという思考行動パターンに変容されたことで、社員ひとり一人が、仕事に対する貢献実感や誇りが持て、階層に関係なく、価値を高める対話をすることによって、互いに知識・技能を磨くことができたので成長スピードが上がった。

改革のテコとしては最強なものを大阪支店は見つけたのだ。

大阪支店の3つのサイクルは、今もなお、回り続けている。


その後の変化としては、愚直に検証を行っていた樋口が、検証の結果を踏まえた部品の開発を行い、見事に商品化へとつながった。それは、単なる部品ではなく、施工技術の安全性と品質を高める、樋口のこだわりの結晶だった。

技術部は牛丸太が現場に足を運べる技術部に転換したことで、元木やその他の技術部員が腕をメキメキ上げ、提案書の施工技術が明らかに高まった。

工場は、受け身の工場から攻めの工場に変わり、その日の物量情報や在庫のリアル情報を、毎日SNSで全部署に発信するようになった。在庫がリアルタイムで管理できるようになったのは、〝受注前検討会〟の成果である。工期がずれないことや、施行技術が上がったことによって、資材の補修や修理が少なくなったことも要因だ。

営業も、工場の物量がわかることで、発注のコントロールがしやすくなり、お互い思いやりを持った仕事のしかたへと変わり始めている。

今、大阪支店では、部長層を中心に、現場のリアルタイムの事実情報を手に入れながらのやり取りができるようになり、SNSを活用しながらスピーディな打ち手を講じられる体制を作っている。また、工事管理は孤独になりやすいが、日曜日の夕方に仕事が終了した際には、SNSに連絡が入り、上司や仲間がすぐさま「お疲れさま」と答える、そんなあたたかい声掛けもするようになった。

亜子は、V字回復となった2か月後に支援を終えた。最後の日には、皆からピンクのバラの花束をプレゼントされ、思い切りみんなで泣き笑いしながら飲み明かした。

その後、遠山社長と支援の報告もかねて食事をすることになった。

「篠田さん、今回は本当に感謝ですよ。大阪がここまで業績も組織も再建するとは。この間、久しぶりに大阪の社員と一緒に食事をしたんですが、彼らの発言が明らかに変わっていました。人はあんなに変わるものなんですね。我ながら、社員が誇りに思えました」

「いやいや、植藤さんの改革シナリオと実践したマネジメント、そして何より大阪支店を変えたいと思う仲間たちが本当に素晴らしかったからですよ。私はほとんど横で見ていただけです」

「しかし、植藤があそこまでやるとは、それは本当に驚きです」

「もともと持っておられたセンスと発想力はもちろんなんですが、今回、改革のテコを〝受注前検討会〟にしたことや、その前のリーダーを育てるプロセスとシナリオ、そしてキャスティングが良かったですね。特に堂脇さんは最高の出番でしたよ。短かったですけど（笑）」

「あの件は、私に直々にお願いに来ましてね。3か月だけ、堂脇を貸してくださいって。すぐお返ししますって。さすがにそれだけでは現場には送り込めないので、今後の工場の検証もつけて、4か月間出すことにしたんですけどね」

「あのキャスティングがうまくいかなかったら、この成果はなかったかもしれません。遠山社長の意思決定が良かったんですよ。さすが！」

「私もこの改革シナリオにキャスティングしてもらえたんだね。それは嬉しいな」

「そりゃそうですよ、なんたって、この改革の大スポンサーなんですから」

「そりゃ、ありがたい、ははははは」

亜子は、遠山の穏やかな笑顔を見ながら、今回もこんな素敵な仕事をさせてくれた親愛なる改革の仲間たちに、あらためて感謝の想いを募らせるのだった。

解説

［ライフサイクルの各フェーズにおける父性性・母性性のバランス］

※実際には各企業の事業や風土によって理想的なバランスは多少変化します。

【大阪支店改革を父性性・母性性バランスの観点からサマリー】

組織は8:2と父性性が強く、業界特性的にも攻撃的でヒエラルキーが強い。ビジネスモデルが成熟期に入り、停滞していた。植藤が持っている母性性の柔軟性や調和の強みをいかし、組織の中に安心して話せる環境や土壌を創り、社員が主体性を発揮できる機会を導入。一方で、利益を日常の仕事の中で生み出す仕事のしかたを、堂脇の強いリーダーシップの力を一時的に借り、組織のバランスを7:3に変え、思考行動様式の変容を促進。組織の主体性が生まれた時点で、堂脇が外れ、バランスを3:7に変え、お互いがつながり、受容しながら価値が生み出せる仕事のしかたにつなげた。

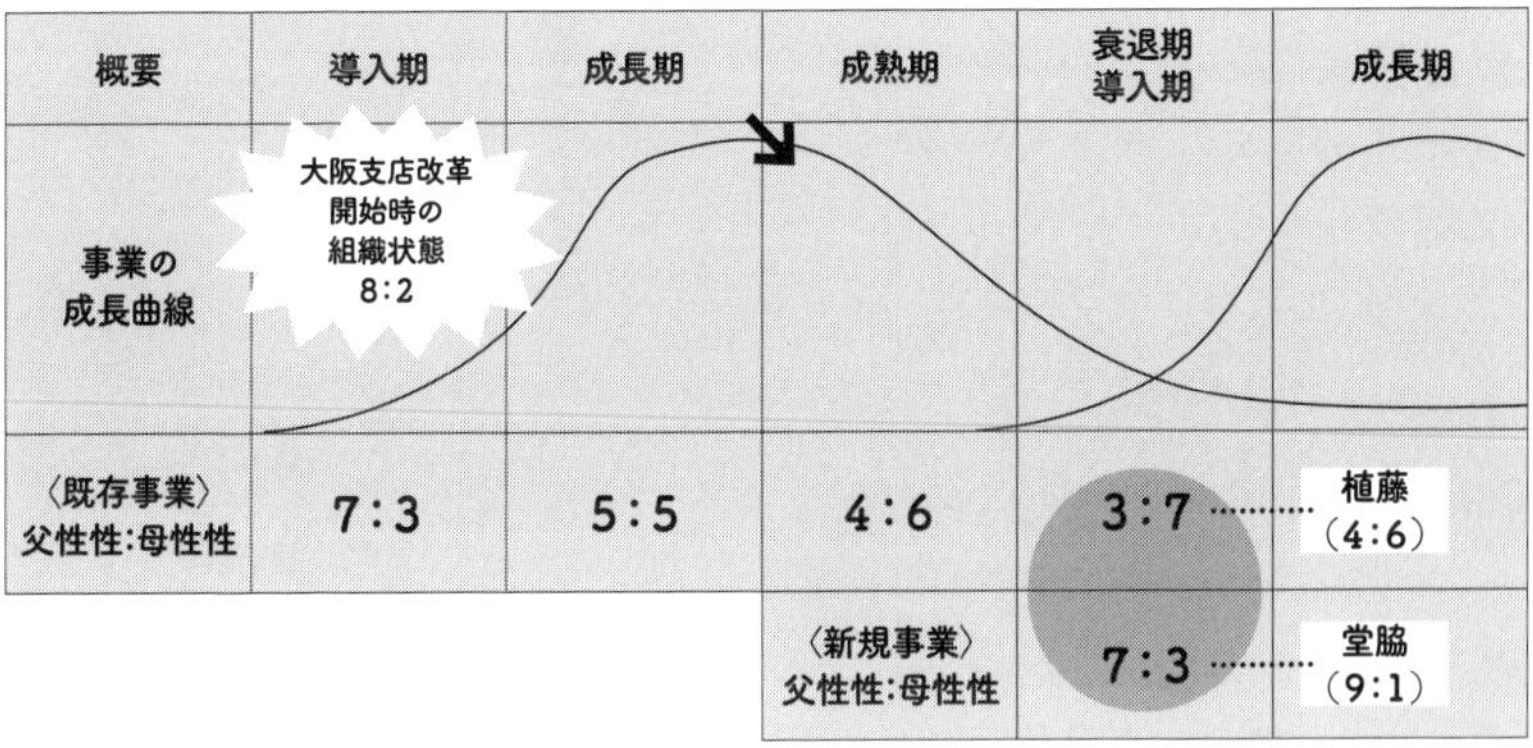

STAGE 1

「マザーシップデザイン」ステージ 経営者のマネジメント基盤づくり

◆ステップ1　自己認識力と自己受容力の向上

第2話は、遠山社長の基盤づくりからスタートした。

①自分の人生を振り返り、生い立ちや転機から自己認識力を高める。

遠山社長の場合

遠山は、3代目社長で、創業者はカリスマ性のある父親。父親の会社の経営者を引き継ぐ意思はないと父親に伝え、自らメーカーを選択し入社。創業者は2代目経営者を外部から連れてきたが、経営がうまくいかず、自分がまだ元気なうちに息子を会社に呼び寄せた。

幼い頃から冒険家で開発に興味があった遠山は、建設業には興味が全くなかったが、幼い頃から厳しく強い父親が初めて弱っている様子を見て、後ろ髪をひかれながらも退路を断ち、経営を引き継ぐ。女系家族で、幼い頃から姉たちに愛された遠山は、3人の姉が世話を焼き、困った時にはいつも助けてもらってきた。自由にのびのびと育ち、姉の豊かな愛情に包まれて育ったので、母性性と父性性のバランスは比較的良い。強がらず、誰かに助けてもらうことが自然にできるので、副社長のような献身的な参謀にも恵まれた。猛者が多く、業界的にも男性性が強い組織に対して、幼い頃から母親や姉たちに守られてきたため、自ら前に出て、手を下すのは苦手。目上の人に対して意見を押し通すたくましさはなく、説得するなどの押しは弱いので、受け入れてくれない古参や長老に対して手が打てない状態が続いていた。遠山は、社員が自ら考え、発想し、チャレンジができる組織を実現したかった。のびのびと育つことで自由な発想が生まれた、自らの生い立ちの環境のようなものをつくりたいという潜在的な欲求がある。

遠山社長のバランス…父性性4：母性性6

②新たに必要な強みと能力を補完する。

植藤支店長の場合

父性性の牽引力や完遂力が圧倒的に強い組織の中で、異色の遠山と、ある意味似ているのが植藤だ。植藤は、幼い頃大自然の中で育ち、自然の中から自分たちで遊びを創り出してきた。物事を深く考える哲学的一面もあり、モノゴトの本質や価値などについて、じっくり考えることが得意。学生時代から、学部の異なる仲間と事業を立ち上げるなど、新しい発想やアイデアが浮かぶと仲間を集め、行動することができる。特に裕福な家庭に育ったわけではないが、両親は仲が良く、おしゃべりで笑顔が絶えない専業主婦だった母親と、母親の話を笑いながら聞いている気さくな会社員の父親の元で育った。明るく元気な妹が一人いる。

今は、母親にとても似ている妻と、自然が大好きな息子とおちゃめな娘との家族構成。世話焼きの母親を中心に回っている家族だったので、植藤は男性性よりも、女性性がより開発されている。父性性が強い組織の中に、植藤のような包容力や柔軟性の要素が補完されると安定感や安心感が組織に生まれる。父性性の組織の特徴を受け入れながら、母性性の要素を補完し、じっくりと土壌づくりを行いながら、その人それぞれの強みを開発し、無理に推し進めたりしないマネジメントで改革は進められていった。

大阪支店は顧客からかなり厳しい扱いを受け、組織自体も疲弊していたため、共感力などの要素も必要となっていた。

◆ステップ2　思考行動パターンの変容（清流化）

遠山社長の場合

このケースの場合、亜子は遠山に対して、会社全体の組織バランスと、それに必要な母性性の補完要素を伝えている。遠山は、自分の中にある母性性が強いことに対して無自覚だったため、上層部とはウマが合わないと感じていた。優しい姉に育てられ、自由に育った背景もあり、特に一部の役員が圧倒的なパワーで現場を牽引する力に対して無自覚の恐れがあり、異なる父性性の要素が受け入れられなかった。遠山が最初亜子に「役員層をどうにかしてほしい」と訴えたのもそこから出てきていた。設定した次世代リーダーの勉強会の中でも、遠山は「古いリーダーの考え方を改めてほしい」と、短所是正でマネジメントを行うやり方をしていた。亜子は、1年間の勉強会を通じて、遠山の無自覚の恐れや不安を解放しながら、能力や強みを制約している思考行動パターンについての自覚を促した。

少しずつ、遠山は本来の自らの強みである母性性の要素を、次世代リーダーにも必要な要素として認識を深めていった。

植藤支店長の場合

基本的に感情の起伏は激しくなく、安定し、フラットな状態を作れる植藤だが、改革が進むにつれ、なかなか変わらない部長層に対する苛立ちが出てきた。植藤にとって、皆が変わろうとしているのに、変わらない彼らの行動が理解できないという苛立ちでもあった。彼らの変容を促すために、自分の強みではないトップダウンで「やらせよう」と思うが、亜子から、相手が動かない理由は、「何をしたらよいのかがわからないだけだ」という言葉に、フラットな感情に戻り、部長層を改革に役立てることを考え始めた。

植藤は、頑張っている人を応援することを大切にしている。なぜ、社員全体が動き始めたのに、技術部以外の部長は動かないのか、そのことに当初は感情面が反応してしまったが、相手を理解し受け入れることで、感情の反応は収まり、冷静に考えることができた。

植藤支店長のバランス…父性性4：母性性6

大阪支店の改革前の組織バランス…父性性8：母性性2

改革のスタート時点に必要な組織バランス…父性性3：母性性7

＊社員の90％以上が男性という父性性の強い組織からのスタート。

◆ステップ3　めざす方向性に近づくための改革シナリオ創り

植藤は1年間の勉強会で基盤づくりを行ってきたため、就任後すぐに、部長層と顧客の実態を把握し、ありたい姿を描くことにした。業績が赤字で、受注が出来ず、負け癖がついている疲弊している組織に対し、このままでは社員が壊れてしまうという危機感を持った植藤は、社員の自己肯定感を高め、社員が自分の仕事に誇りが持てるようなコンセプトにしようと決めていた。結果的に、存在価値を高める、「下請けから建設サービス業へ」という、少し大きな改革のめざす方向性を示すことにした。そして、人と組織の成長を軸とし、顧客からの価値が落ちている今こそ、①事業の原点に立ち戻り、事業の本質的価値の再定義と、②新たな価値を創造する仕事のしかたに変える、という目標を打ち上げた。

STAGE 2

「フォーメーションデザイン」ステージ
経営マネジメントの実践

◆ステップ1　ありたい姿と現状の認識合わせ（事業・人・組織）

①改革の下準備　部長・課長への面談を行い、組織の思考行動パターンを理解する。

植藤は、学生時代に多様な人材とタッグを組んで起業をしたこともあり、自分のマネジメントや思考行動パターンについてはよく理解していた。また、会社全体の組織の思考行動パターンや課題などは、1年間の勉強会の中である程度把握をしていたため、就任後すぐ大阪支店の組織に影響を与えている部長と課長の面談を行った。面談では、相手を評価せずに、受け入れながら聴くことに徹した。大阪支店がなぜ、このような状態になっているのかの思考行動パターンを理解するために、背景にある事実や感情を引き出しながら、否定せず、起こっていることを共有しながら事実実態の認識合わせを行った。さらに、本来、その人が持っている能力や強み、発揮できていた環境やしくみは何かを模索した。

さらに、顧客に聴くということも重視した。トップが変わったことを理由に、すぐ顧客へのあいさつ回りを行い、大阪支店が市場でどのように評価されているのかなど、事実を把握することに注力した。厳しいフィードバックだったものの、実態をつかみ、2つの課題とすることができた。

②大阪支店全体に改革の方向性を発信する。

全社員を集めて、これからめざす方向性を発信し、改革に参加するメンバーを挙手で募る。

植藤は、自分で考え、チャレンジする社員を育てるには、まず自分で選択し、自分で決めることを実践することが大切だと考え、大阪支店の全社員に対して改革の方向性を発信し、それに賛同する人は手を挙げてほしいと伝えた。手を挙げた理由が忖度であっても、利己主義であっても構わない。参画する中でのプロセスで変化する人もいれば、変化しない人もいる。基本的に出入りは自由にしておき、コアメンバーを固定化しない。全員が参画でき、最終的には周りを巻き込み、全社改革にしていくことが目的だった。

③土壌づくりと組織課題の認識合わせ

大阪支店は業績が悪化し、受注率が下がっていたため、営業は粗利が低く、短納期の案件でも無理をして受注しようとしていた。そのため、部門間の工程にしわ寄せなどが起こり、連携がうまくいかず対立が起こりやすい状態になっていた。また、歴代の支店長が営業出身で、パワーマネジメントで組織を動かしてきた影響で、部下は上司の指示を待ち、言われた仕事を粛々とこなしている状態が長年続き、心を閉ざし個人の殻に閉じこもっている社員が多かった。

具体的な改革のスタートは、社員の心を開放させ、固く閉ざしていた土壌を耕すことから始めた。つまり、それは、社員ひとり一人が、人として認められ、人間らしくいられることであり、ここに自分がいてもよいという居場所を作ることである。

最初のオフサイトミーティングは土壌づくりを目的とした。初めにジブンガタリや仕事のモヤモヤガタリを行うのには意味がある。ジブンガタリは、自分の存在を自分自身と仲間とで認め合うことであり、モヤモヤガタリは、お互いが仕事を通じて日々感じていることを言葉に出し、仲間と共有し、その中から共感が生まれることでつながりを作り始められるからである。

また、業績が悪化している恐れや不安の感情を認めることで、事実を受け入れることができ、それをお互いに共有することで、何とかしたい、何とかしよう、という主体性が生まれ始める。その主体性のエネルギーを改革のエネルギーへと転換させるプロセスを丁寧に行った。

その後のオフサイトミーティングでは、めざす方向性の共有とお互いが安心して話せる環境づくり、各部門の現状や課題、全体の仕事の流れや課題などの認識合わせを行った。

◆ステップ2　フォーメーションづくり

①人材発掘⇒能力開発

最初から主体性を大切にし、手挙げで募ったことによって、参加者の中から、キーとなる人材発掘は比較的しやすかったが、植藤は、忙しくて手を挙げられない社員もいることを想定し、出入り自由の場にこだわった。結果、7名のコアメンバーが顕在化し部門をつなぎ、改革を押し進める中心メンバーとなった。

植藤の強みである母性性の支持力や包容力が活かされ、多様な人材の能力が顕在化した。特に樋口は、植藤が強みを認め、成長する環境を作ったことによって、能力を開花させ、その後も結果を出している。また、元木も、癖のある技術者というレッテルだったが、植藤が技術営業であったことも影響し、「技術力の向上や現場に行くことへのこだわりは当たり前のことだ」と応援し、成長を支援した。植藤が発想力やアイデアを大切にするため、上司の言うことを聞き、今まで評価されていた人材とは、また異なる能力を持つ人材も評価され始めた。

②組織マネジメントの開発

部長層に関しては苦戦したが、部下がプロジェクトや改革を押し進めることができるよう、管理職の役割として、安定した場の確保と、ムダな会議をやめるなど、価値を生む時間の確保を行う大切さを組織マネジメントの重要な要素として取り入れた。

牛丸太部長を中心に、部下の想いを受け止め、少し高めの目標を設定しながら成長支援をする組織マネジメントと、『良い計画』をコンセプトに日常の仕事の中で技術力を磨くことによって、技術部は圧倒的に成長スピードが早くなった。

上杉工場長は、忘れかけていた情熱と想いからありたい姿を描き、具体的な課題も明確にしながら工場改革を押し進めるリーダーとして蘇ったことによって、品質、納期が安定し、大阪支店全体の改革を動かすことにつながった。

③業務プロセスの見える化とワークフローの見直し

工場と営業のオフサイトミーティングから見える化と見直しはスタートし、営業や工場事務を巻き込んだ書類の見直しから、本格的に全体の見直しに入れることになった。営業の横軸を通す飯田課長の発言が転換点。営業部門は課長を中心にワークフローの見直しに入ることになった。

さらに、人と組織の成長を軸に仕事のしかたを見直し、大きく計画、施工、検証の3つのサイクルを回す流れをつくった。特に〝受注前検討会〟は、事業と人と組織の成長を両立させる改革のテコとなった。(図［P250］参照)

❶受注前検討会

全社員が各担当案件に参画。『良い計画』というコンセプトで、技術と施工のシームレスな連携力を高める価値提案。それまでは、自社の施工範疇のみの最適化しか考えずに計画していた技術が、ゼネコンが構造物を作るために最適な施工計画をするところまで考えて提案する。コンセプトを軸に4つの質問で、人と組織の中にある知識や知恵を出し合い、提案を磨くことで、固定概念やとらわれなどから解放され、思考行動パターンの変容が促された。

＊良い計画＝品質・安全・工期・付加価値の4つの質問を磨きこむ提案づくり。顧客の困りごとの解決や利益、リスクの見える化

❷着工前検討会

工事長を中心に施行担当者が参画。『良い工事管理』というコンセプトで工事長が明確な目標を掲げ、着工前に決めた計画どおりに工程が進められるかを確認し準備する。工程全体の流れを施工担当者が把握し、部門連携をしながら工程にロスやミスがないか、顧客に＋αの提案ができないかなどを話し合う。

［3つのサイクル］

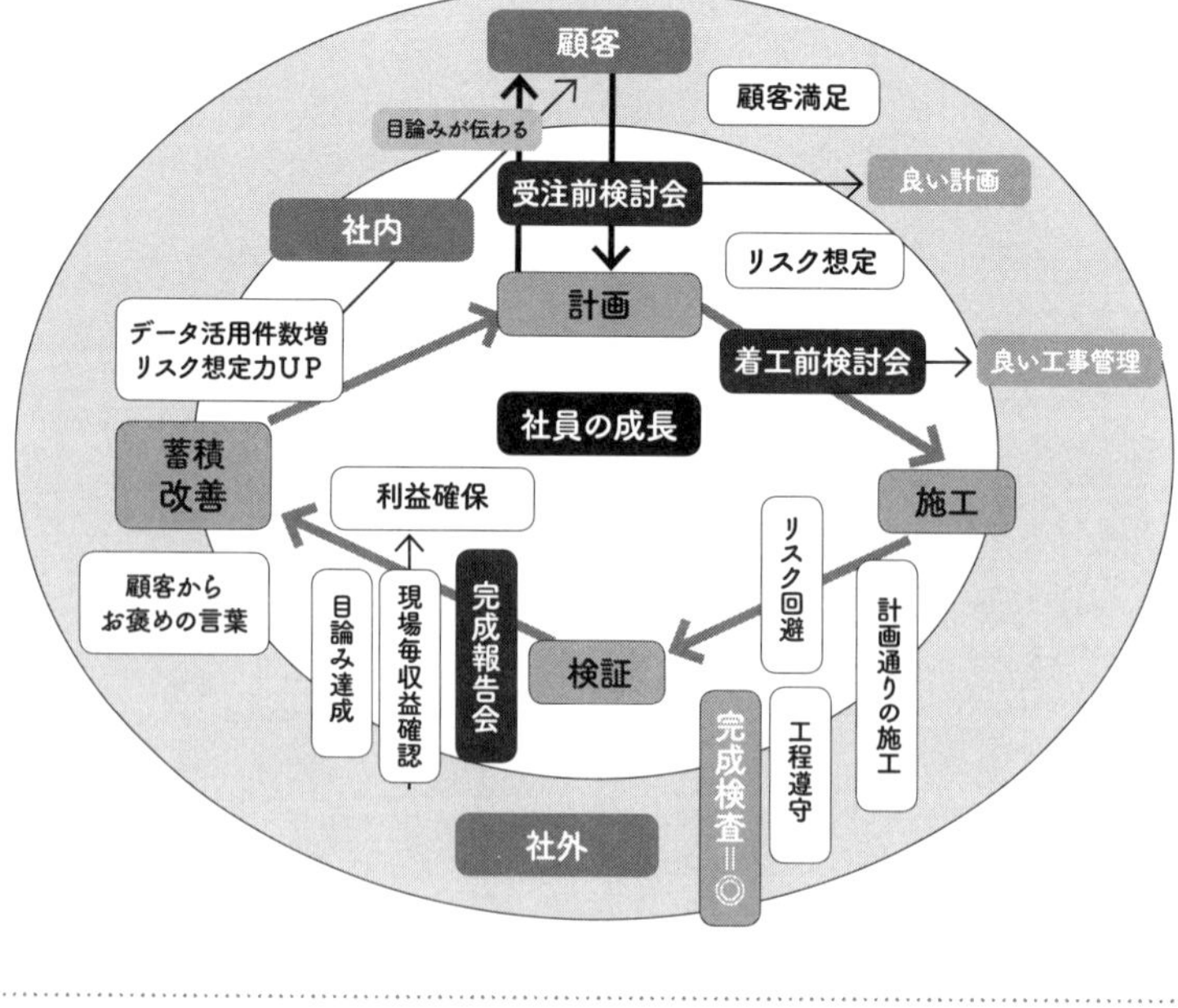

今まで平気で2、3日遅れていた工事がすべて計画通りに進むようになり、現場管理がしやすくなった。品質・安全・工期の安定は、失いかけていた顧客からの信頼を取り戻すことにつながった。

また、それまでは現場毎の収支ではなく、支店全体で利益が出たら良いというどんぶり勘定の考え方だったが、現場毎の収益管理を行い始めたことで、確実な利益の見える化ができるようになった。

＊良い工場管理＝目標の共有、計画通りの施工、クレームゼロ、＋αの利益創出

❸完成報告会

これまでは、案件が終わった後、情報や資料などが蓄積されておらず、やりっぱなしの仕事のしかただったが、目論見通りに施工や利益が実現できたのかという振り返りの場をつくることで、検証を行い、集積、改善することが可能になり、次の現場に活かすことができた。

④フォーメーションと再配置

〝受注前検討会〟で初動を高め、営業・工場・購買・技術・工事が一体となり、連携や協

力、共創というフォーメーションを組みながら仕事をし始めるようになった。

さらに、彼らの仕事に対する誇りや価値が高まったのは、自分たちの果たす役割を認識し、ゼネコンにスムーズに工程のバトンを渡せるよう、主役を活かす脇役という役割を認識したためだった。それまで彼らは現場で自分たちが主役だと思っていたが、時に脇役のポジションを取りながら、共に最高の仕事ができるフォーメーションをつくったのだ。結果的に、前年度までは7億のマイナス利益だったが、その年は5億の利益を出すことができた。

◆ステップ3　実践と振り返りの定着化

①チャレンジできる環境としくみづくりを行う。

今回のケースの場合、全体でのオフサイトミーティングの中から、主体的なコアメンバーが複数出てきたため、コアメンバーが自らテーマを設定し、自分から仲間を巻き込んでいく、プロジェクト形式の活動へと分岐した。全体オフサイトミーティングは、各プロジェクトの報告・共有のための場に目的を変え、毎月実施されることになった。コアメンバーがテーマを設定した内容は、これまで議論してきた中の、全体・部門・組織課題のいずれかのテーマにつながっていたため、全体の改革シナリオと7つのテーマとを紐付けながら、丁寧にシナリオとキャスティングを行った。

7人のリーダーは、年齢、性別、階層に関係なく、主体的に手を挙げた人に任せたが、各チームのメンバーについては、そのテーマに必要な強みや能力などを見極めながら、メンバーリングを行った。

植藤は、これは単なるプロジェクトではなく、大阪支店全体の改革テーマであることを認識してもらうために、経営課題と同等の位置づけを行った。また、大阪支店だけではなく、全社課題につながるものは、社長にも参加を依頼し、コメントをもらうなど、会社全体で重要だと認識してもらうようなシナリオを描いた。

②仕事の価値を上げながら、思考行動パターンを変容させる。

事業課題としては、安定した納期、品質、他社とは異なる発想力の提案ができること。組織課題としては、社員が主体的に考え、アイデアや発想力を磨き、部門連携でチャレンジができること。大阪支店全体で、それを実現させるために『良い計画』をコンセプトに、〝受注前検討会〟を改革のテコとした。〝受注前検討会〟は、全部門、全員が参画できる、仕事の質や価値が高まる日常的な実践の場となり、毎回のミーティングを通じて、4つの質問（①工期短縮②安全性確保③品質保証④自社の付加価値）を立てながら、思考行動パターンを仲間と共に自覚しながら変容させていくことができる。

会議が中途半端にならないように、本社から、質問が本質的でミーティングの質を高めることのできる参謀（堂脇副支店長）を送り込むなど、目的と成果を明確にしながら実行した。ポイントは、2か月目くらいから徐々に介入を減らし、自分たちで会議を回せるようにすること。自立に向けたプロセス支援を行い、自分たちの考えやアイデアで意思決定を行う機会をつくること。最終的には、〝受注前検討会〟→着工前検討会→完成報告会のサイクルを回し、日常の仕事の中に組み込みながらしくみをつくるなど、価値を創造する思考行動パターンがしっかり定着するまで試行錯誤を行い続けた。

東野株式会社は、〝受注前検討会〟という改革のテコを使い、事業の価値を高め、組織や人の成長を促進させた。顧客からの厳しい声とそれに伴う苦しい業績、しかし、それは顧客から事業の本質的価値を問われていたのだ。土壌を耕し、部門や仕事がつながり始めた時に、全部門、全担当が参画できる改革のテコは見つかった。3つのサイクルを回し続け、日常の仕事の中で変化や効果を実感していた彼らにとっては、V字回復するのは当たり前のことだった。

おわりに

人生では、起こった出来事に対して、自分なりに答えを出さなければならないことがたくさんあります。予想していた出来事や、準備ができていたことだと、冷静に判断もしやすく、状況を見ながら判断することもできるでしょう。しかし、突然起こった出来事や、想定外の出来事が起こった場合は、なかなか冷静に判断をすることが難しくなります。自分の人生だし、他人には迷惑かけてないから大丈夫だと思う気持ちにもなりがちですが、自分の行動や決断が、どのように周りに影響を起こしているのかは、意外と自分自身ではわからないものです。特に、影響力が大きい人は、そういった時に判断した内容によっては、世の中を変えてしまうことにもつながることだって起こりかねません。

本書では、経営者のマネジメント基盤づくりとして、「マザーシップデザイン」を第1ステージに置いています。なぜ、第1ステージなのか。経営者やリーダーは、世の中や事業、人、組織に対して影響力があり、その意思決定次第で、豊かな世の中にすることにも、戦い奪い合う世の中にすることにもつながる、重要な存在だからです。

「マザーシップデザイン」のステージでは、自分の中にある強みや能力である、父性性や母性性の特徴とバランスを自覚し、自己認識と他者認識を受けいれる力が、その人の安定した基盤を創るベースになると、お伝えしました。

人間は感情の生き物です。無自覚に反応する感情や、自覚はしているが抑えきれない感情に支配されてしまうと、自分自身の心の眼鏡から見える景色や情報は偏って見えてしまいます。特に恐れや不安の感情は認識をゆがめます。本来、経営者やリーダーの意思決定は、事業や人・組織の成長と、リスクを合理的に回避するために使われるものですが、経営者やリーダーが、不安や恐れを持ちながら経営を行なうと、見たくない事実と恐れがベースになり、自分自身の不安を打ち消すための意思決定をしてしまい、チャンスを失う可能性もあるのです。

「マザーシップデザイン」のステージでは、自分自身の思考行動パターンを自覚し、起こっている事実そのものをフラット思考で見る力を養うことが必要です。自分の思考をゆがめているものや、自分の可能性を制約しているものを見つけ出し、意味づけの置き換えをします。

経営者とお話をしていると、時に、自分自身をさらけ出すのが怖いとおっしゃる方がいます。しかし、「さらけ出すことが怖いと思っている自分を受け止めながら、その恐れの原因を自分自身の中から見つけ出し、本来自分の中にある強みや能力を開放させてあげませんか」と、私はお伝えさせていただいています。自分らしい経営マネジメントを見つけるためにも基盤づくりは大切なのです。また、安定した基盤から作り出されるありたい姿は、ありのままの自分が大切している想いを呼び起こし、豊かな未来へとつながっていくのです。

第2ステージの「フォーメーションデザイン」では、豊かな社会を創り出し、事業・人・組織の成長を促すためのフォーメーションを作ります。経営者やリーダーが安定した基盤から捉える人や組織の見立ては、今まで眠っていた社員の可能性を引き出し、強みや能力の再発見にもつながります。

経営者やリーダーの中には、自社の社員に対してあきらめや制約を感じていたり、ダメだというレッテルを貼っていたりする方や、良いところよりもマイナスの部分で評価をしたり、社員が何に役立とうと思っているのかをわかろうとしていない方も、まだまだたくさんいらっしゃるように感じます。それは、もしかすると、自分の中にある歪みや固定概念、とらわれに縛られて、自分自身の思考を偏らせているのかもしれません。

「全員参画経営〜トータル・フォーメーションデザイン・マネジメント〜」におけるフォ

ーメーションづくりとは、経営者やリーダーはもちろん、自分も仲間もお互いの強みや能力を認め合い高め合い、意思を持ってつながり、目的を持って動けるチームフォーメーションです。ひとり一人が、自分が役立てるポジションに自ら動き、役割や組織にとらわれず、目的や目標に向かってフォーメーションを組みます。

今、経営の状態が逼迫している中で、そんな悠長なことは言っていられない……しかし、そんな状態であればあるほど難しい決断を求められ、経営者の基盤が安定しているのかどうか、組織がどのくらい成熟しているのかどうかが試されます。

そんな時に、無いものを求めても仕方ありません。今あるものや、起こっている現実をしっかり見つめ、事業や人、組織に何が必要なのかを見定めていただければと思います。恐れていても、現実は起こるのです。

第1話で、森本は、予想される未来を社員と共有しました。つぶれる可能性があることも伝えました。でも、「一緒に乗り越えていきたい」という自分の想いを伝えた時に、初めて社員が「私だって貢献できるんだ」ということを実感し、この会社を自分たちの手で何とかしてやろうと思うことができました。これが改革の源泉となり、工場が再生するエネルギーを高めたのです。

これまで、私がご支援してきた事業は、事業のライフサイクルが成熟期や衰退期を迎えているケースがほとんどで、結果的に、V字回復した事業や、再生した事業も多々ありますが、一方で、神風が吹くのを待っている役員や、焦りや恐れから打ち手を間違え続けた経営者によって、買収された事業もありました。その経営者の方は、事業の衰退期で、事業や商品価値の再定義が求められていたにもかかわらず、苦手な分野に手を出す、自分の意見を押し通す、異なる意見を持っている周りの意見を聴かない、自分に都合のよい情報しか見ないなど、どんどん孤独になっていき、最後には、「自分は悪くない、相手が悪いんだ」という感情のブレーキが効かなくなってしまいました。当然、社員も離れ、次々とキーポジションの社員が辞めていきました。これは、今でも悔しい想いが残り、私がこの仕事の原点に立ち返るときに、いつも想起するご支援の事例です。

一方、V字回復した事業の中で印象に残っている事例の1つは、経営チームの決断スピードが速いことが特徴でした。もともと、人のつながりをとても大切にする文化を持っている会社で、年に1回グループ全体の経営者が集まり、グループの歴史や、大切にしていること、経営者の意思決定の背景や意図などを振り返り、未来を語り合っていました。その会社の中のある事業が、新しい商品を市場に打ち出した際、市場分析では大丈夫だと判断していたものの、全く良い反応がありませんでした。経営チームは、すぐに現場に足を運び、リサーチを行いました。そして、市場で起こっている状況を冷静に受け止め、多面的に情報を集め、「このままのコンセプトでは無理だ」と判断し、いったん撤収に動きました。その後、新たに修正して、あらためて一気に打ち出したのです。その時の事業リーダーは、市場の動きを冷静に見ながらも、自分たちの打ち手のミスを納得していました。事業チームの合宿をしていた際に、他の事業部から異動してきた部長がポロっと、「顧客が違うのではないか？」と話した意見を、事業リーダーは逃さずに拾い、自分たちのとらわれや固定概念を自覚しました。

「自分たちが当たり前の価値だと思っていたことは、今の市場では価値ではなくなっていた」ということに気づいたのです。そのトップは父性性が強く牽引力がとてもある方だったのですが、柔軟性という点が少し不足されていました。その部長は、まさに柔軟性と感覚で意見を述べたところ、それが新たな突破口の発見につながり、見事に新商品の業績の立て直しにつながったのです。実はそのトップは、この事業がM&Aをされた時に唯一残った社員でした。その方は、「最初は苦しかった、これは自分たちの存在を守る戦争だ」と話していました。しかし、自分一人で戦うのではなく、人の温かみや、つながり、一緒に乗り越えてきた仲間との信頼をつくり上げる過程で自分が何者かを知り、相手を受け入れる基盤を作ったのです。今、彼は社長になり、大切にしてきた商品の価値を伝承し続け、次の世代が確実に育っています。

長い間ご支援をしてきた中で、経営者やリーダーにとって、人の意見をフラットに聴く力と受け入れる力はとても重要だと感じます。事業の業績が回復するには、余程のリストラやコストカットをしない限り、時間はどうしてもかかります。そんな時こそ、経営者自身が安定した基盤づくりを元に意思決定をすることが必要なのです。もちろん、事業というものには、寿命もあるでしょう。しかし、少なくとも、寿命を決める要因の一つとして、過去や今、経営者がどんな意思決定をしたのかは重要です。

そして、見落としがちな業務プロセスの見える化とワークフローの見直しも、事業の価値を生み出すために必要な流れです。この流れを同時に見直し、その流れに乗りながら、自分たちの価値を高める思考行動パターンにシフトする。自分が活躍できる場所が見つかり、仲間から応援されると、社員の方々は、喜んでそのフォーメーションの中に入り、動きを作っていくでしょう。

企業経営には必ず困難な時期はやってきますし、アクシデントやトラブルは当たり前に起こります。苦しい時期だからこそ自分たちの原点に立ち戻り、存在や価値の再定義を行っていただきたいと思います。

経営者の意思決定の意図や背景が伝わり、自分自身が組織の中で「大切にされている、活躍できている、貢献できている」という実感があれば、経営が困難な時であっても、社員は一緒に乗り越えてくれます。

本書は、混乱している世の中で、苦しみの真っただ中にいる経営者やリーダーにあてた本ですが、これから日本や世界を創造していく次世代リーダーの勇気につながるものにもなると幸いです。そして、私は、これからも、そんな豊かな社会を創造する経営者やリーダーのご支援をしていきたいと思っています。

最後に、いつも私を心あたたかく応援してくれる柴田さん、この本を作成するにあたり、フォーメーションデザインのように協力してくれたスコラ・コンサルトの仲間たち、特に、若山さん、塩見さん、高木さん、辰巳さん、岡村さん、太田さん、源明さん、また、初めて本を書く私に、勇気を与えながらサポートしてくださった、エッセンシャル出版社の小林さん、上野さん、磯尾さん、出版につながる前から支えて下さった宮内さん、秋本さん、それから、今まで共に改革を押し進め、喜びも悔しさも共に味わったクライアントのみなさまに、心から感謝を伝えたいと思います。ありがとうございました。

簑原麻穂 Asaho Minohara
スコラ･コンサルト プロセスデザイナー

泣く子も笑わせる関西出身。

JASに就職し、チーム連携と新商品開発による顧客価値アップを実現したのち、JALとの統合プロジェクトにも参画。リーダー育成や教育のしくみづくり、組織・システム統合、新サービスの開発など組織の機能とマインド両面の変革を要求される多数のプロジェクトに貢献。その後、事業の成長と人材と組織の関係をつきつめるべく、スコラ・コンサルトの門をたたく。積み重ねてきた幅広い経験から、中堅企業の尖ったサービスに専心する喜びと、大企業で大きなシステムを動かす醍醐味、どちらにも鼻が利く。加えて、経営者である父や引き継いだ兄との対話で磨いてきた感性が武器で、リアリストでありそこはかとなくストイック。

次世代経営者の良きアドバイザー兼温かみある伴走者として、粘り強い支援が特徴。経営者やリーダーの悩みや葛藤を受けとめながら、真の強みをとことん引き出す。その上で、事業をもう一段階成長させるために必要な要素を独自のバランス理論で見立てて、人の持ち味・能力・経験の組み合わせで構築する。「組織の変革を成功させるためには、男女を問わず、人の強みを活かし合える環境が大切」。そこにある素材で最高の料理をつくる。

JCDA公認キャリアカウンセラー、国家資格キャリアコンサルタント、女性労働協会認定講師。

「食べたら二度と忘れられないたこ焼きをつくる」という、自称“伝説のたこ焼き師”。

参考文献

・「なぜ会社は変われないのか」柴田昌治　日本経済新聞出版社
・「日本企業の組織風土改革」柴田昌治　PHP研究所
・「会社に眠る財産を掘り起こせ！」岡村衡一郎　朝日新聞出版
・「トヨタ式「勝つ現場力」」金田秀治　PHP研究所
・「insight（インサイト）」ターシャ・ユーリック　英治出版
・「失敗の科学」マシュー・サイド　ディスカヴァー・トゥエンティワン
・「問題構造学入門」佐藤 允一　ダイヤモンド社
・「経済学誕生」飯田経夫　筑摩書房
・「紛争の心理学」アーノルド・ミンデル　講談社
・「ユング心理学入門」河合隼雄　培風館
・「こじれる人間関係　ドラマ的交流の分析」杉田峰康　創元社
・「ディープ・デモクラシー」アーノルド・ミンデル　春秋社
・「ポジティブな人だけがうまくいく3:1の法則」
　バーバラ・フレドリクソン　日本実業出版社
・「「甘え」の構造」土居健郎　弘文堂
・「好き！を仕事にしてうまくいく「女性性ビジネス」の成功法則」
　タマオキアヤ　CLOVER出版
・「男性性・女性性の2側面についての検討」山口素子　心理学研究　第56巻第4号
・「ジェンダーに関する役割評価・自己概念とジェンダー・スキーマ：
　母性・父性との因果分析を加えて」土肥伊都子　社会心理学研究　第11巻第2号

【刊行の想い byエッセンシャル出版社】
「対立し、戦う経営」から、「自己変容を促す、豊かな経営」へ。
時代は大きく変わり始めている。
それは経営・組織のことだけではなく、日本という社会全体で、
全員が参画し、優しさと温かさを生み出していく時代へと変わり始めていく。
まずはひとりひとりが自分が変容していくことで、
この社会がより本質的で豊か未来を目指していけますように。

全員参画経営

2020年5月5日　初版発行

著　簑原麻穂
発行者　小林 真弓
発行所　株式会社エッセンシャル出版社
〒103-0001 東京都中央区日本橋小伝馬町7-10
ウインド小伝馬町Ⅱビル 6階
TEL：03(3527)3735　FAX：03(3527)3736
URL: https://www.essential-p.com/

デザイン　中山 詳子（松本中山事務所）
編集制作　小林真弓　上野郁江　磯尾克行
渡辺享子　明石肇　宮本知香
印刷・製本　シナノ印刷株式会社

ISBN978-4-909972-10-1 C0034